品成

阅读经典 品味成长

数字化转型
价值收益

DIGITAL

TRANSFORMATION

PAYDAY

［德］蒂姆·博特克（Tim Bottke）◎著

邓斌◎译

人民邮电出版社

北京

图书在版编目（CIP）数据

数字化转型价值收益 ／（德）蒂姆·博特克
(Tim Bottke) 著；邓斌译. -- 北京：人民邮电出版社，
2025. -- ISBN 978-7-115-66901-8

Ⅰ. F272.7

中国国家版本馆 CIP 数据核字第 2025SS1255 号

◆ 著　　　　[德] 蒂姆•博特克 (Tim Bottke)

　 译　　　　邓　斌

　 责任编辑　袁　璐

　 责任印制　马振武

◆ 人民邮电出版社出版发行　　北京市丰台区成寿寺路 11 号

　 邮编 100164　　电子邮件 315@ptpress.com.cn

　 网址 https://www.ptpress.com.cn

　 涿州市京南印刷厂印刷

◆ 开本：720×960　1/16

　 印张：17.75　　　　　　　　　2025 年 4 月第 1 版

　 字数：211 千字　　　　　　　2025 年 4 月河北第 1 次印刷

　 著作权合同登记号　图字：01-2023-6103 号

定价：69.80 元

读者服务热线：（010）81055671　印装质量热线：（010）81055316
反盗版热线：（010）81055315

百货业之父约翰·沃纳梅克曾说："我知道在广告上的投资有一半是无用的，但我不知道是哪一半。"这句深刻的话被誉为广告界的"哥德巴赫猜想"，同时也映射在当前 AI 技术驱动下的数字化转型中，中国众多企业同样面临着投资收益的迷雾。

作者撰写此书的契机，源于他在德勤咨询工作时与客户的一次深刻交流。当时，他的一位客户——一家上市公司的 CEO 向他提出自己的疑问："作为一位职业经理人，究竟是要投入数百万美元于数字化领域，还是只需按部就班地完成日常工作就好？若决定投资，又该如何衡量数字化转型的收益，并确保它给公司市值带来正向影响？"为了解答这一棘手的问题，作者毅然重返校园攻读博士学位，而本书正是基于他 4 年博士研究而形成的深厚成果。恰巧我的博士研究课题聚焦于数字化转型领域，因此当人民邮电出版社的袁璐老师邀请我担任这本书的译者时，我毫不犹豫地欣然应允。

数字化转型实质上是一场深刻的变革。变革意味着我们必须在风险与收益之间寻找平衡。本书就是一部在数字化转型收益领域具有开创性的著作。为了揭示数字化转型中影响公司市值的关键因素，以及这些因素的作用方向——哪些因素具有积极作用，哪些因素可能产生负面影响，以及哪些因素几乎毫无作用，作者巧妙地运用了计量经济学模型，对美国纳斯达克（NASDAQ）和纽约证券交易所（NYSE）的超过两万份上市公司年报进行了深入的科学分析，通过定量分析结果逆向推导出各个因素的影响和作用方向。

本书最大的亮点是，作者提出了一个"数字化转型收益框架"，该框架由五大关键要素构成，其逻辑之清晰，宛如精心规划的化学实验。

要素一：设计/策略。其如同化学实验前的整体规划，包括选择合适的催化剂、设定反应条件、确定反应步骤，以及预测反应速率和产物等，旨在实现特定的数字化转型目标。

要素二：催化剂/驱动力。这里的催化剂正如化学反应中的催化剂，能加速反应进程，但不被消耗；驱动力则如同提供产生化学反应所需能量的温湿度、压力等条件，能推动数字化转型顺利进行。

要素三：反应物/反应范围。反应物代表参与数字化转型的初始资源和能力，反应范围则界定了这些资源和能力能够被有效转化和应用的领域。

要素四：反应机理/反应过程。这是指深入剖析数字化转型是如何逐步展开的，包括各个元素之间的相互作用、信息的流动和转换、关键决策的形成等，直至实现最终的转变。

要素五：产物/结果。数字化转型的终极目标，是产生新的商业价值、提升运营效率或增强客户体验等。

这些化学实验的术语，不仅为我们揭示了化学实验的奥秘，更有助于我们深入理解数字化转型的本质和过程。对本书中科学研究具体过程感兴趣的读者，可以在本书附录中找到更多的详细资料。

以 DeepSeek 为代表的中国本土 AI 大模型，正在为中国千行万业提供一种低成本、便捷的 AI 应用路径，助力企业拥抱数字化转型。作为企业应用方，我们应铭记：应以场景需求为导向去寻找合适的技术，而非单纯为了应用技术而强行创造场景。当我们回归企业经营的本质，深入剖析企业高管的核心诉求时，投资收益无疑是企业在每一次拥抱变革时最为关键的衡量标准。

愿每一位在数字化转型道路上的探索者，都能通过本书找到方向，不再为数字化转型的投资收益所困，做到有的放矢，迈向成功的彼岸。

邓　斌

21世纪是数字化新纪元，而21世纪20年代的今天，正在见证史上空前的全球商业巨变。科技浪潮席卷各行各业，数字化转型不再是一种选择，而是企业生存与繁荣的必然路径。然而，正如百货业先驱约翰·沃纳梅克有过的困惑，现代商业领袖们同样面临着如何在这一转型过程中精准投资并实现可见回报的挑战。蒂姆·博特克博士所著的这本书犹如一盏明灯，照亮了这个迷雾重重的领域。

德勤作为一家全球领先的综合性专业服务机构，深知数字化转型对于中国企业迈向世界一流行列的战略意义和深远影响。服务大型企业客户的经验告诉我们，每一个成功的转型项目背后，都有着深思熟虑的策略、精巧的执行和严谨的收益评估。博特克博士以其在德勤的专业咨询经验为指引，深入探究了这一主题，他的研究不仅是理论上的突破，更是实践中的智慧结晶。

本书的核心是博特克博士提出的"数字化转型收益框架"。这一框架巧妙地融合了化学实验的比喻：将设计策略比作实验规划，将催化剂和驱动力视为推动变革的力量；以反应物与反应范围定义了转型的范围与资源；反应机理与反应过程则揭示了转型的动态演变；产物与结果则象征着转型的最终价值。这一框架清晰地反映出数字化转型的复杂性和系统性，为读者提供了一个操作性强的工具，以量化和管理转型过程中的不确定性。

博特克博士的贡献在于，他没有停留在概念层面，而是通过实证研究，对超过两万份上市公司年报进行深度分析，量化了数字化转型对市值和企业绩效的影响。他的工作揭示了哪些因素能够加速转型，哪些可能成为阻力。对于企业领导者来说，这无疑是宝贵的决策参考。

在中国这个快速发展的市场，我们见证了无数企业借助数字化的力量实现飞跃。然而，每一步的迈进都伴随着风险。如何降低风险、提高投资回报率，是每一个领导者必须面对的问题。本书提供了实用的指南，帮助中国企业领导者在数字化的道路上少走弯路，准确把握转型的脉搏，确保价值的创造与传递。

同时，大量的实践经验表明，中国企业需要的不仅仅是单一的阶段性服务，而是贯穿咨询设计（Advise）、实施落地（Implement）和运营优化（Operate）的一体化解决方案，而德勤中国正在以这样一种模式，全力支持中国企业的数字化转型。我们坚信，这本书不仅为我们的客户提供了理论支持，更将启发并促进他们在实践中找到适合自身的发展道路。在数字化的洪流中，让我们共同探索，共同成长，实现从战略到执行，再到价值释放的无缝衔接。

我们希望每位读者在阅读这本书之后，都能带着新的洞察和信心，去迎接数字化转型带来的机遇与挑战，将数字化的力量转化为可持续的商业成功。这是一场聚焦财务影响的追寻，也是一场关于未来的智慧之旅。

德勤中国技术与转型部门全国主管合伙人　华思远

德勤中国技术战略与转型服务合伙人　刘俊龙

4年前本书作者蒂姆来找我，希望我指导他修改博士论文，当时我的第一反应远谈不上热情："又一项关于数字化转型的研究！我再也不能忍受了！"作为一名研究人员，我对管理热词炒作一向兴趣不高，而数字化转型是过去40年最具影响力的管理热词之一——至今仍然是！我还必须承认，我对全球最重要的咨询公司之一（即德勤咨询）的一位高管研究这个话题还是持有一些怀疑态度，因为他在这个领域有着长期的战略和技术专业知识，以我非常传统的视角来看，他显然是在寻求一种方式来证明他和他所在的公司在数字化转型方面的理念，并期望其中带有一定的科学成分。然后蒂姆陈述了他的初步想法，他真诚地想在这样一个重大的现象上钻研学习，这给我留下很深刻的印象。他坦率地承认，他作为咨询顾问尽管有深厚的专业知识，但还是没能解答客户提出的一些重大问题。于是，我的反应变成："让我们一起踏上学习之旅吧。"回顾这4年走过的路，真的就是当时所预想的那样，形成了一项由实践者思维引领的杰出的博士研究成果。

你现在手里拿的这本书，大量借鉴了这一研究成果，并且出于一些原因，它代表了真正有洞察力的知识和实践贡献。它提出了关于这个话题的新视角，将其置于上下文中，以便读者觉得它与他们相关，并采用了一个精心设计的引人入胜的叙述方式，使阅读变得更愉快、更有趣。

至于新颖性，蒂姆努力将扎实的科学方法与商业敏锐度相结合，为每一个积极拥抱数字化转型的高管应该回答的根本问题（数字化转型真的值得投资吗？）提供了答案。

现在，对大多数管理问题的明智答案只能是：看情况！然而，为了使答案更加明智，我们还必须解释究竟怎么"看情况"。而这正是蒂姆在本书中所做的。他通过一种非常创新的类比法，将数字化转型与化学反应关联起来，他提供的概念框架确定了一组广泛的相互关联的要素，这些要素使得投资的价值取决于许多外部（环境）和内部（组织）变量。因此，读者有机会将自己的组织特征与这些要素相匹配，并获得如何将自己正在设计或管理的数字化转型项目的潜力转化为对财务价值的洞见。

数字革命的一个影响是人们越来越习惯于阅读更短、更分散的文章。碎片化似乎是当今时代的特点。因此，书似乎变成一个不合时宜的东西，能够完整阅读一本书对于今天忙碌的人们来说更是一种不寻常的活动——尤其是它不是小说，而是管理类图书！我是本书原始研究内容的第一个读者，本书完成后我也以读管理类书的形式读完了它，我可以毫不犹豫地说，花时间阅读它是完全值得的。如果将本书与其他许多同类主题的书进行比较，阅读体验也是完全不同的：它有清晰的观点，而不是喊模糊的口号；内容化繁为简，而不是故弄玄虚；它有来自实操的智慧洞见，而不是"画大饼"。本书就是把优秀研究成果转化为能被企业界共享的管理洞见的绝佳案例，能做到这一点实在是令人惊叹。

因此，我相信读者会欣赏本书的每一部分，从而获得一张找到数字化转型价值洼地的高精度地图。

加布里埃莱·特罗伊洛（Gabriele Troilo）
博科尼大学管理学院资深教授兼副院长
博科尼大学市场营销学副教授

■ ■ ■

本书背后的 4 年研究

我写作本书的最初想法，是在 4 年前与我的一位客户私下交谈时产生的。当时那位客户是一家行业领先上市公司的 CEO。因为我为他提供长期的咨询服务，我们之间建立了很深的信任，所以交谈起来比较放得开。有一次，他问了我一个非常棘手的问题："蒂姆，你知道我和这家公司的合同在两年后到期，对于我的整个职业生涯来说，这家公司只是一块跳板，它让我未来能有机会完成更大的任务。我想请教的是，我是应该花几百万美元在一个数字孵化器上，投资某家看起来不错的初创公司，并开始像硅谷创业者那样穿牛仔裤和运动鞋，以数字思维重塑公司财报口径进行内部沟通，还是应该按部就班地继续做我需要做的事情——在未来 5 ~ 10 年内投资 5 亿美元或更多的资金，改造明显过时的传统后台系统，以期在市场上脱颖而出，使公司更加适应即将到来的挑战？以上问题不管是哪个选项，都可能让我陷入充满痛苦、失败和大量现金流出的旅程中，公司的股价和股东经受得起这么大的压力吗？谁会为我的冒险创新而感谢我？这笔投资会带来可衡量的投资回报和积极的市值影响吗？"

不得不说，作为一名传统的战略顾问，当时我对这位 CEO 提出的问题确实没有答案——至少没有一个有足够事实支撑的答案。这是我不能接受的。于是，我开始寻找答案，但找了很久仍然没找到。我和我在公司内外部所有能找到的相关专家进行了探讨，并分析了几乎所有同行给出的相关建议。但是，其中有太多难以消化的内容。大多数关于数字化转型的图书、文章和 PPT 都很糟糕（当然也有一些是很不错的），充斥着重复或自我引用的内容。然而，考虑到这是一个不容错过任何伟大想法的复杂数字世界，我还是硬着头皮翻阅了大部分资料，以期形成对这个问题的整体认知。如果你也这样做，我相信你会和我一样感到失望，因为这些资料存在以下 3 类缺陷。

第一类缺陷是，这些资料虽然提出了许多鼓舞人心的观点，但这些观点大多是基于主观经验、访谈和概念思考（Brynjolfsson & McAfee，2014；Gale & Aarons，2017；Mazzone，2014；Raskino & Waller，2015；Rogers，2016；Schallmo et al.，2017）提出的，甚至还有一些概念带有类宗教信仰体系的神秘特征。新出现的和即将出现的颠覆性技术进步将给这一"神秘"体系带来巨大冲击，因此其追随者需要紧急补救才能自圆其说。在这一场所谓的"数字革命"（Rogers，2016）、"第二次机器时代"（Brynjolfsson & McAfee，2014）、"第四次工业革命"（Schwab，2017）或"第五次信息革命"（Nazarov et al.，2019）中，传统的管理实践被认为不足以使企业实现持续繁荣，甚至连维持生存都成问题（Gale & Aarons，2017；Mazzone，2014；Raskino & Waller，2015）。毫不意外的是，所有作者都提出了以规范性为主的行动计划，以实现数字化领导力。他们还提供了许多有趣的建议，以帮助你从众多失败公司的泥潭里成功抽身而出（Andal-Ancion et al.，2003；Bock et al.，2017；Charan，2016；Davenport & Westerman，2018；Gartner，2018；Kane et al.，2017；Rogers，2016）。

第二类缺陷是比较隐蔽的缺陷，一些作者通常会受到某家著名数字原生企业的启发，进而提出数字化转型方案，论述独特的转型案例和成功的数字平台战略（Bughin & Catlin，2017；Rogers，2016）。如果你曾对成熟型企业关注较多，你就会发现它们会利用轶事案例和匿名调查，并附上自己的主观研判（Kane，2016；Kane et al.，2017，2018）。这当然为我们提供了很好的定性研究素材，但显然也存在不少被人批评或诟病的地方（Kane，2019）。其中一种反对观点认为，如果不了解某家公司开展数字化转型的特定背景，我们就不应该在无视时空差异性、行业差异性、组织规模差异性的情况下将其数字化转型方案和路径进行普适性推广（Andriole，2017；Davenport & Westerman，2018）。

第三类缺陷是，尽管我们"对可能合理运行的系统展开的有计划性的数字冲击"（Andriole，2017）被认为是"没有……保障的救赎"（Davenport & Westerman，2018），但除了韦斯特曼（Westerman）等人对息税前利润（EBIT）和利润率进行了分析（Westerman et al.，2014）外，似乎没有其他作者关注数字化转型给企业带来的经过严谨论证的财务结果。甚至，一些作者宣称用传统的财务指标来衡量数字化转型收益没有多大意义（Gale & Aarons，2017）。

综合以上 3 类缺陷，加上新冠肺炎病毒疫情加速了数字化转型进程，我更加清楚地意识到：我们迫切需要形成一种更客观、更有科学依据的数字化转型收益观。我们需要一种超越当前管理书籍和商业期刊规定范围的新方法来远离炒作，降低掉入数字炒作陷阱的风险，并提高数字化的投资回报率。因此，我毅然转向学术界，加入一所全球顶尖的商学院（即博科尼大学的博科尼管理学院），成为一名研究员，以获取前沿的学术知识。令我震惊的是，尽管数字化转型在商业领域是热点话题，但学术界对数字化转型专题研究的关注是远远不够的。仅有的几份相关出版物的参考价值非常有限。它们除了对经验值 / 绩效进行了一些初步的实证分析之外，几乎没有任何有价值的内容。因此，对"数字悖论，即无法从……数字化转型投资中获得价值"的担忧（Parida et al.，2019），至今[①]仍然存在。

此外，科利（Kohli）与格罗弗（Grover）对以资本市场上市公司为焦点，跨越多个学科领域深入探究信息技术及信息系统对其市值影响的研究历程进行了精辟的概括与总结（Kohli & Grover，2008）。令人诧异的是，尽管数字化转型的价值日益凸显，但在学术界，如他们二人这般专门针对数字化转型对市值的影响进行深入研究的学者非常少。同样令人遗憾的是，创新价值研究（Brockhoff，1999；Salomo et al.，2008；Strecker，2009；Vartanian，2003）和公司金融研究（Damodaran，2013，2017）也存在类似的情况。只有在少数情况下，研究人员才提供一些具有深度和积极意义的结果，他们的关注焦点通常是子主题，比如可观察的数字战略和创新（Beutel，2018；Mani et al.，2018）或经济层面的创业影响（Galindo-Martín et al.，2019）等。还有一些研究人员则应用定性文本分析法对上市公司自愿披露和义务性披露的报告中的数字化转型声明进行文本分析（Kawohl & Hupel，2018），或将基于文本分析的主观数字化成熟度（Zomer et al.，2018）作为研究基线，然后止步于

---

① 本书原版图书出版于 2023 年。——编者注

此。据我观察，除了最近一些将文本分析与分析师建议关联起来的研究（Hossnofsky & Junge，2019），以及在早期阶段关于非技术公司在数字技术领域投资对企业价值和绩效的影响分析（Chen & Srinivasan，2019）之外，我在学术界就再也没有发现在数字化转型过程及其价值影响方面更广泛的、端到端的观点。

综上所述，我只能自己踏上旅程来解决这个难题。我希望那位客户在几年后仍然想听到我提供的答案。现在他已经离开那家上市企业，到了另外一家企业任职。一切在我的意料之中——他面临着 4 年前同样的问题，只是问题涉及的范围扩大了 6 倍。基于我的经验和兴趣，我把研究重点放在大型资本市场上市公司的价值影响方面——这些公司有足够大的规模和足够长的历史来承担转型带来的各种成本，而不是那些尚未涉足数字化领域的初创公司或其他规模较小的公司。尽管如此，在本书第二部分的一章中，我也特地讨论了数字化转型对中小型企业的影响。

关于数字化转型及其对公司市值的影响，我给出了一个更客观、更科学的研究视角。本书背后的研究，其主要贡献是首次将结构化的横向数字化转型框架与深入的财务影响实证分析相结合，亮点是通过一个独特的自然语言处理（NLP）技术支持的数据集（大于 20 000 个观察值）来分析数字化转型对大型上市企业的财务影响。正如你在本书中看到的，你可以完全借鉴我的研究方法，将这些先进的统计分析和机器学习方法应用到你的公司场景中，从而更好地预测你的数字化转型努力能在多大程度上帮助你获得显著的市值收益。

■ ■ ■

如何阅读本书

显然，你可以根据你最感兴趣的专题来阅读本书的某一部分内容（每章的标题大致可以告诉你该章的内容是什么）。但我认为如果你能按顺序阅读本书，你会受益更多。就像数字化转型之旅一样，阅读本书也是一个端到端展开的历程，每个要素在整个数字化转型收益框架之中都有自己独特的位置。此外，有一点必须事先提醒你：在本书所有佐证我的想法的实践案例中，你不会找到任何一个具体明确的公司名称。我这么处理是有充分理由的。数字化转型的收益机制是一家公司最需要保密的内容之一，因此你在公众出版物中读到真实案例的可能性接近于零，或书中所描绘的情况与该企业实践的实际情况有较大出入。因此，本书采取了不同的方式——我将过去 10 年数千份上市公司年度报告中公开披露的"硬数据"与一些深刻但完全经过净化处理的企业实践经验进行结合。此外，你必须意识到，本书具有严谨性和科学性（它建立在我近 4 年的博士研究成果之上）。这意味着，我要改变数字化时代不太注重引用出处的不良现象，因此本书所有引用的观点都有明确出处，而不是通过重命名来伪造原创性——因为在我之前的其他研究人员已经奠定了有意义的学术基础，我们每一个人都要尊重前人的研究成果。

这本书由 3 个部分合计 15 章及附录构成。

第一部分的内容构成如下。第一章是全书概述。第二章为你提供了有关技术、创新和企业财务等开创性研究的更多背景内容，这些研究由于种种错误，到目前为止尚未有效指导商业世界的数字化转型实践。第二章还阐述了纠正这些错误对你有什么好处，并为你的数字化转型计划提供了相关的基础学习材料，深入探讨了当前备受关注的一个热门概念——"数字化成熟度"。第二章旨在帮助你揭开这些被广泛误用的工具及相关指标、基准和评估的面纱。第三章是本书的中心章，介绍了一个全新的、由五大要素构成的数字化转型收益框架。通过这个框架，你能够清楚地了解数字化转型收益和相关成本的复杂性，进而有效地管理数字化转型项目，以加速获得投资收益。

第二部分包含第四至十一章，详细地解析了第三章所提出的数字化转型收益框架。其中，第四章和第五章详细阐述了一个复杂话题——供应侧和需求侧的数字化转型催化剂。应该说，你必须远远超越数字技术本身才能理解这些催化剂。第六章讨论的是数字化转型的范围问题，该章阐述了 3 大类业务转型（核心业务数字化转型、相邻业务数字化转型、边缘业务数字化转型）的要点，并旗帜鲜明地指出——核心业务转型是数字化转型最重要的目标。第七章揭开了敏捷式方法作为众多数字化转型项目通用工具的神秘面纱，我在本章提出将混合式方法（即瀑布式 + 敏捷式）作为一种推荐的解决方案，以弥补错误实施敏捷式方法所带来的各种缺陷。第八章解释了衡量数字化转型结果的不同主观角度和客观角度，以便你能更综合地理解数字化转型对投资收益的影响。第九章重点强调"策略"对于数字化转型的重要性。第十章提供了两个案例，通过它们，你能理解本书第三章所提出的数字化转型收益框架是如何端到端地促进协作的。第十一章则简要介绍了数字化转型收益框架对中小企业有什么借鉴价值。

第三部分通过解析支持本书结论的大量实证研究，帮助你更好地识别影响你的企业开展数字化转型的预测因子，以及你作为高管或投资者需要付出哪些努力来改变现状。第十二章评估了数字化转型与公司市值之间的普遍性关系。第十三章重点探讨了行业差异性，便于你了解自身所处的行业环境对数字化转型收益的影响。第十四章探讨了公司财务状况与数字化转型之间的关系。公司的利润表和资产负债表，是你获得数字化转型收益的压舱石。第十五章聚焦于你与资本市场沟通你的公司所开展的数字化转型方面的成果时，如何有效地调节公众的情绪。

在本书的结论部分，我给出了一个反对过度简化的警告，以及一份概括的数字化转型收益检查清单。希望我的研究成果能帮助你持续获得稳定的投资收益。在本部分，我对数字化转型的前景做了展望——即将到来的下一波数字化转型对你产生的影响将远超当前数字化转型对你产生的影响。

附录部分包含附录 A ~ F，提供了更多关于本书背后的独特研究和数据集的详细信息，还提供了详细的表格和相关的文献推荐。如果你有兴趣更深入地研究，也可以参考阅读。

第一部分

数字化转型会给你带来收益吗

第一章

为什么进行数字化转型

数字化转型已经成为一个流行词，但很少有人完全理解其全部含义。无论是**"数字化"**这个词本身，还是**"转型"**会给公司带来什么影响，人们普遍对它们没有充分的认识。然而，在今天的商业世界中，我们似乎无法摆脱无处不在的炒作。事实上，这很可能就是你购买这本关于数字化转型的图书的关键原因之一。而且，本书很可能不是你买的第一本数字化领域的书。在你像数字原住民①那样一头扎入本书之前，我想请你扪心自问："究竟是什么让我下决心买了这本书？"是精心设计的营销活动、花哨的标题，还是精心策划的封面文案？是作者宣称他是一位来自顶级商学院的教授——掌握数字化领域的理论知识，并且拥有与全球领先的数字化转型咨询公司（德勤咨询）合作的实操经验，还是供应商、咨询顾问和专业媒体每天都向你推销各种数字技术，让你产生了焦虑感？因此，你有一种错觉，觉得浏览一下这本书，甚至逐章读完整本书，就会获得一个现成的良方。甚至，你试图从那些被深度剖析的企业数字化转型的"内部故事"中，学到深刻的数字化转型成

---

① 业界普遍认可把数字时代的人群分为 3 类——数字原住民、数字移民、数字遗民，并将在数字时代成长起来的一代人称为数字原住民。（若无其他说明，本书所有页下注均为译者注。）

功的经验或失败的教训，从而助力自己在这个充满变化和机遇的数字时代取得成功。

■ ■ ■

掉入数字化热潮陷阱的风险

基于你对我先前提出的问题可能做出的回答，恐怕我得向你传达一些可能不那么令人愉悦的信息：如果你缺乏商业判断力，那么盲目加入数字化热潮大概率会给你的企业带来损失。如果你对以上我所提出的那些问题中的任何一个的回答为"是"，那么你就已经掉入了数字化热潮陷阱中。

即便如此，你也不用紧张，因为并不是只有你一个人会这么想。许多企业高管都不幸被误导，认为这一波数字化转型浪潮不同于以往的其他管理概念的炒作，可以真正改变企业的命运，他们唯一要做的就是掌握正确的数字化转型公式。你可能会想抛弃那些曾经帮助企业建立竞争优势、产生可持续的财务利润和市场价值的传统基本原则，或者你认为有把握能让那些新的数字力量为你效力。数字化转型是一场变革，这是否意味着是时候用智能算法全面替代那些所谓的传统经营管理基础知识体系了呢？现在是不是在被别人颠覆之前，你必须主动地先做自我颠覆的时候？明确的取胜策略、足够的时间，以及面对失败时的厚脸皮是否都不再被需要了呢？这些听起来都很让人憧憬，对吧？

承诺快速解决公司管理问题的方法，其实早已以多种形式和风格存在了很多年。那么，为什么大约70%的数字化转型项目仍然失败了呢

（Saldanha，2019）？从方法论极客[①]的视角来看，他们可能会争辩说："这个数字主要基于有偏见的问卷调查，旨在说服人们换一种新的数字化转型方法。"然而，无论真实数字是 50%、60%、70%，还是 80% 以上，它都表明数字化转型项目有着一定失败的可能——管理者、领导者或投资者都应该对此给予重视。之所以出现如此高的数字化转型失败率，很大一部分原因可能在于：没有对投资收益进行有效规划，导致资本被白白地浪费掉。许多公司无法明确衡量开展数字化转型究竟创造了多大价值——无论是在可持续的财务利润方面，还是在公司市值提升方面。为了避免这种情况一再发生，我建议：一家公司不应该把数字化转型本身作为目标，而应该将其视为一种管理工具。如果人们不这么想和这样做，公司的投资回报率将很难得到保障。不幸的是，正是由于缺乏这方面的认知，在你任职期间或在你设定的投资回报周期内，你所在的公司不太可能获得数字化转型收益。值得说明的是，我给出这样的判断基于一个前提假设：你设定的投资回报周期不超过 5 年。事实证明，试图在短期内迎来数字化转型的高光时刻，并不是开启一次高风险的数字化转型之旅的好理由。

■ ■ ■

受益者（提示：不一定只有你）

提到数字化转型，我经常被询问的一个问题是：为什么公司、行业、产业甚至是经济体都不约而同地跳上这样一趟风险高、投资收益预期不

---

① 方法论极客（methodology geek）用来形容那些对研究方法、过程充满热情并具有丰富知识的人，他们可能喜欢讨论不同研究方法的优点，并随时了解自己所在领域的最新发展动态。

确定的高速列车呢？**我认为这主要源于以下 5 种驱动力。**

第一，**尽管我对非理性的商业炒作持有非常严厉的批评态度，但数字化转型的复杂度真的远远超过你我的想象。**正如你将在本书后面章节所看到的那样，对于那些对你和你身边每个人产生实质性影响的转型，必须进行端到端的转变——也就是，从战略、运营、财务，甚至情感上都要做出变革。从中长期的视角来看，如果你想让你和你的公司变得更有韧性并取得成功，这种变革将是不可或缺的。但这并不意味着你在没有详尽理解这件事背后的战略和驱动力之前，就要盲目地遵循数字化转型的观点和建议。从步骤分解来看，实施数字化转型通常要进行两个方面的考虑。一方面是考虑数字化转型的收益（这些收益是否真的产生，有一些已经过科学验证，但有一些只是一厢情愿的期望而已），如交叉销售（cross-selling）和追加销售（upselling）带来的增量收入或更早的产品上市时间对销售收入的影响，但这些收益的时机和规模往往都是不确定的。另一方面是考虑如何让这些获得收益的做法在公司内部被更多部门推广，以便数字化转型收益最终在公司层面有所体现。单单详细了解这些"直接收益"（但更多时候是"间接收益"）的影响，就是一项费时费力的艰巨工作。然而，在我的咨询顾问生涯中，我曾经很多次看到多个不搭边的数字化转型项目被拼凑到一起，出现在咨询顾问向甲方企业管理者汇报的 PPT 中。这些所谓的数字化转型项目往往缺乏战略思考，而且各个项目之间复杂的依赖关系令人难以理解。如果不对公司业务战略进行深度洞察，试图仅仅依靠数字化转型，你很难取得成功。

第二，**有一群市场参与者从数字化转型中获益的可能性比你想象的要高得多（根据我的经验，我推测这个比例是 95%）。**这个群体包括规模不断增长的超大规模企业（比如亚马逊、谷歌、微软、腾讯、阿里巴巴）构成的庞大生态系统，以及其他数字软件和 IT 基础设施解决方案提供商——它们分布在数字化价值链的各个层面。这些公司提供诸如客户关系管理（CRM）、虚拟现实 / 增强现实（VR/AR）、大数据分析、云计算、自动化和人工智能（AI）、企业资源规划（ERP）（是的，ERP 仍然存在很大的市场）、网络安全等服务。从技术和商业角度来看，这些解决方案提供商提供的解决方案往往比你的企业已有的传统技术方案更有优势。有意思的是，他们还竭尽全力推动数字化转型热潮。这是可以理解的，因为他们是数字化转型的最大收益方之一，数字化转型是他们核心的市场增值驱动力所在。因此，无论你打算做什么，在正式与他们打交道之前，你都应该非常清楚你自己的业务目标是什么，以及明白你计划实现的目标的预期影响有哪些，而不是放任这些解决方案提供商把控节奏。作为企业管理者，这就是你的分内工作。要做到这一点，就需要企业的业务部门对以上这些数字技术究竟能够做什么有足够的了解。因此，永远不应该把数字化转型的责任甩给企业的 IT 部门，业务部门理解关键数字技术是任何数字化转型项目取得成功的核心因素。在我的咨询顾问生涯中，我见过太多追求技术领先的数字化解决方案实施案例——这些案例的实施者由于缺乏对公司战略和业务需求的清晰理解而没达到预期的转型效果，最终只能上线一套先进的技术工具 / 系统——它可能确实比你的现有系统更加现代化、成本更低，但从支持公司战略成功的角度来看，并没有带来任何显著的改观。一个典型的案例是新型 CRM 系统。新型 CRM 系统上线后，可能在管理零零散散的客户数据和渠道商数据方面发挥一些作用，但由于这类新型解决方案往往没有和旧系统进行有效的集成，因此从客户视角来看，上线新型 CRM 系统并没有在客户体验上带来任何改变——在这里，我暂且先不谈这些改变是否有助于你的公司战胜竞争对手。还有一个更具现实意义的案例是流程机器人自动化（RPA）。有一些公司针对流程进行 RPA 试点，但在选择流程时避重就轻，只选择一些边缘流程开展试点，而不敢扩展应用到真正影响公司财务利润和员工常用的主流程上，这样的 RPA 有什么用呢？综上所述，选择单个软件系统或引入业界最佳解决方案之前，请坚持追问自己：业务部门究竟想要实现什么战略目标？

第三，在这些解决方案提供商的背后，与你携手的或许就是像我这样的咨询顾问（及咨询顾问背后的咨询公司）。在理想状态下，你会期望他们在帮你做战略选择时能够达到一个平衡——提供中立客观的商业建议与建议实施更大规模的咨询项目（能带来的高增长率/高利润）之间的平衡。但是，这些咨询顾问真的能抵制诱惑，毫无私心，只提供中立的商业建议吗？有的咨询顾问或许可以。但你必须非常小心地区分从事技术实施工作的"售前"咨询和"真北"咨询（True North Advisory），后者的目标是为你的企业真正找到最合适的战略解决方案——但后者始终是一种小众商业模式。所以，你要记得问一问你的咨询顾问："你真的是中立咨询顾问吗，还是只是技术实施部队的'售前'先遣部队？"即使他们不正面回答你，当你内心有这种意识时，你也很容易做出判断。我建议你从如下几个角度去分析。

- 在企业内部的组织中，谁在真正主导着这一场变革——是代表客户/产业的那一方，还是职能部门？
- 解决方案提供商是否为你提供不同于其生态系统的其他备选方案，并提供中立、客观的评估意见？他们与某个特定供应商是否有暗中利益关系——而你对这种暗中利益关系毫不知情，被蒙在鼓里？

- 解决方案提供商是否向你建议（或至少接受）来自不同供应商的不同战略和技术部署？
- 解决方案提供商所提供的商业案例，是否呈现出明显较高的失败率，以弥补他们的咨询方案周全度不足的缓冲或风险溢价？

这些问题的答案，其实已经充分说明了解决方案提供商的中立程度。

第四，请不要忽略公共机构对你的影响，他们热衷于数字化转型，因此会通过市场定调、投资监管、政策补贴等手段影响企业开展数字化转型的方式。 对他们来说，支持"数字化"的好处在于：他们可以声称这将使他们能够应对过往无法应对的所有严峻挑战（比如气候危机、自然资源短缺、贫富差距、劳动力新老接替、年龄金字塔、人才短缺和国家竞争力不足等）。你必须时不时地问自己：我要抓住什么契机，才能给自己的企业带来真正的收益？除非你也把数字化转型视为一个公关工具，只是借其宣传炒作一番而已。

第五，你周围可能有很多数字化转型领域的作者/专家在影响着你。 其中一类自称专家和主题演讲者，他们往往与咨询行业的生意有关。另一类则是来自学术界的研究人员，他们通常基于企业实践的数据收集和系统分析，将数字化转型与投资回报关联起来。但学术界的许多研究成果往往比较理想化，还不足以反映现实商业世界的复杂性。

综上所述，大家狂热追捧数字化转型的原因无法用几句话解释清楚，真相并不简单。

第二章

数字化转型的若干误区

<big>我</big>希望你能同意我的观点：数字化转型收益的确定性，是一个值得人们追求的目标。但要想达成这个目标，并对任何相关的数字化转型建议的质量都能做出正确判断，就必须先清晰地回答一个问题：什么是数字化转型？

人们可能会认为，目前市面上已出版的大量图书刊物早就对数字化转型的定义达成了共识。然而，在数字化实践者的眼中，是否需要给数字化转型下一个明确的定义其实并不重要。在数字化领域中使用的要素和框架五花八门——就像这些要素和框架的提出者的背景一样复杂。这一点并不奇怪，因为每一套要素和框架通常都隶属于一家专业服务公司，这些公司旨在推动炒作并从中获得商业利益。为了让自己的主张脱颖而出，每个咨询顾问都提供了一个看似独特的框架——该框架建立在不同的术语、要素和定义的基础之上。这必然导致业界没有一个统一的框架，因此关于数字化转型的实际驱动力、范围和过程，至今仍然没有一致的说法。到目前为止，人们唯一达成的共识似乎是，数字化转型不仅仅是一次技术转型，更是由重大的甚至是颠覆性的市场驱动力引发的一次业务转型，而且数字化转型将从根本上影响企业的整体业务，而不是局部

业务。在学术研究方面，数字化转型的研究主题也是相当多元化的。研究者会想方设法把"数码化"（digitization）、"数字化"（digitalization）和"数字化转型"（digitaltransformation）这3个术语区别开来，否则它们经常被视为同义词交替使用（Henriette et al.，2015；Osmundsen et al.，2018）。"厘清这些术语的内涵，对促进大家在同一个频道上对话是非常重要的"（Osmundsen et al.，2018）。我完全赞同这一观点，因为日常我在为客户提供咨询服务时，数字化转型的共同语言问题是我们所看到的影响转型成功的最基本障碍之一（Nanda et al.，2021）。我多次观察到，不同的供应商在一个数字化转型项目上合作数月后，才终于意识到对方对同一个术语的定义竟然和自己不同，而在这之前，项目组的每个人都基于各自团队所下的不同定义而工作。可想而知，因为术语定义的不同，各方沟通起来好比鸡同鸭讲，协同的效率就会比较低，数字化转型项目的进度就不可避免地受到影响。

正是基于以上考虑，我必须对一些关键术语给出明确的定义。

- **数码化**，从其最基本的形式来看，被定义为"将模拟信号转换为数字形式的过程"（Tilson et al.，2010），或者被定义为"将模拟信息转换为计算机可以理解的二进制语言"（Hinings et al.，2018）。我认为上述定义比其他定义更为具体，范围也更为明确，也是本书推崇的定义。其他定义往往有意地模糊"数码化"的边界，便于数字技术适应流程（Verhoef & Bijmolt，2019；Verhoef et al.，2019）。

- **数字化**，是指将产品或服务转变为数字版本，以提供比现实世界的产品或服务更大的优势（Gassmann et al.，2014）。

- **数字化转型**，除了受到数字化相关要素驱动外，这个术语还需要明确转型的目的和具体内容。数字化转型需要从根本上重新设计业务流程和关系，"通过重新定义业务能力和（或）内外部业务流程与关系"——这些流程与关系可能是有机的，也可能是无机的——数字化转型的目标是"获得可观的竞争优势"（Dehning et al.，2003）。因此，数字化转型需要公司管理者给出明确的战略，具备足够的耐心及对抗转型阻力的决心（Martin，2021）。

■ ■ ■

从技术投资收益研究中，你能学到什么

假设你是一名广泛应用多领域研究成果的资深践行者，你或许并不缺乏相关的实证研究结果，而是缺乏从相邻学科（比如技术/信息技术/信息系统价值、创新价值和企业融资）向数字化转型的转化路径。你可能会问："我们为什么要关注这样的研究？在数字颠覆一切的时代，这些研究不都显得过时了吗？"答案既是肯定的又是否定的。肯定它，是因为我们现在缺少的是适配当前时代的现代化概念；否定它，是因为我们比以往任何时候都更需要基于可靠的研究来理解技术转型项目的收益（当然也包括数字化转型项目的收益）。我们不能因为人们都在说"数字化"，就认为过去几十年的技术经济学的基本规律没有意义。消除这种傲慢，以及为数字化实践者提供科学的建议，是我创作本书的两个主要原因。

我认为，人们有意无意地忽略了一些关键研究领域，其中之一是跨越几十年的技术/信息技术/信息系统价值的研究（Brynjolfsson & Hitt，2000；Devaraj & Kohli，2002；Hitt & Brynjolfsson，1996；Kohli &

Devaraj，2003；Kohli et al.，2012；Kohli & Grover，2008；Sabherwal & Jeyaraj，2015；Saunders & Brynjolfson，2016）。在技术领域，关于价值研究的多角度的、实证数据研究方面的成果依然非常少。直到今天，几乎没有实践者或学者系统地借鉴过去几十年技术驱动转型研究的经验来探究数字化转型如何增加公司价值，以及如何将数字化视为一项既是创新又是技术的系统研究。

另一项被严重低估的研究工作是关于技术价值影响的普遍性研究（Clippinger，1955；Morone，1989）。多年来，对于技术 / 信息技术 / 信息系统价值影响的分析一直存在。曾经有一段时期，人们对"IT 生产率悖论"产生过严重质疑，但最终事实证明：技术转型虽然无法带来普遍性的价值，但确实可以在特定条件下创造独特价值（Kohli & Grover，2008）。然而，以上所有研究都对在转型的早期阶段如何定义业务驱动力及转型过程轻描淡写，而这恰恰是人们非常关心的领域。因此，针对本书前文提出的主要问题，我们无法在这些研究成果中找到所需的答案。

数字化转型与创新语言、创新概念之间有紧密的关联关系（Andal-Ancion et al.，2003；Hinings et al.，2018；Nambisan et al.，2017；Scott et al.，2017；Venkatesh & Singhal，2019），因此，创新领域的价值研究成果可以为数字化转型收益研究提供以下几个方面的参考。

- 对创新焦点和创新方向的研究（Henderson & Clark，1990；Salomo et al.，2008；Strecker，2009）以及在"市场导向""技术导向"和"竞争导向"之间取得平衡的理念（Strecker，2009），与本书后文所谈到的"催化剂"（catalyst）的理念是非常吻合的。
- "与核心业务之间的距离"这一关键概念（Strecker，2009）与本书后文所谈到的"反应范围"（scope）的定义也非常相似。

- 前人在创新价值影响方面取得的大量实证研究成果，不仅为本书所提出的数字化转型"结果"（outcomes）理念提供关键指导，而且在设计用于分析财务价值影响的统计方法时，也为我提供了无限的灵感（Brockhoff，1999；Strecker，2009；Vartanian，2003）。

由于数字化转型过程存在高度不确定性和复杂性，因此本书也需要超越公司财务研究的传统范畴，以便充分捕捉这类转型的结果和财务价值。

本书深受"高度不确定性条件下的估值"研究成果的影响（Damodaran，2013），同时也受到定性转型故事讲述（非会计"其他信息"[①]）如何影响股东看待公司未来价值等研究成果的影响（Damodaran，2017）。

同时，本书也从实物期权高级估值方法的研究中汲取其开创性的成果（Copeland & Antikarov，2001；Fichman et al.，2005；Schneider，2018；Smit & Trigeorgis，2009），以解释众多数字化转型项目中所采用的战略选择方法论。

此外，尽管本书选择了一种较少受事件驱动的研究方法，但它还是会反映出一些基于事件研究（event-driven）的估值研究的思考（Dehning et al.，2004；Dehning et al.，2003；Subramani & Walden，2001；Szutowski & Szułczyńska，2017）。事实上，随着时间的推移，事件研究方法已经越来越多地被用于针对各种类型的资本市场公告及其对股东价

---

① 非会计"其他信息"（non-accounting "other information"），在公司年报中是指财务报表和审计报告之外的其他信息。这些信息可能包括公司的发展前景、未来的风险和不确定性、公司治理层的声明，以及包含公司治理事项的报告等内容，对于理解公司的全面情况和促进其未来发展具有重要的参考价值。然而，这些信息并未经过审计，因此注册会计师不会对其发表意见。

值的影响的调查研究中。

最后，"剩余收益估值模型"（Ohlson，2001，1995）的发展，特别是"其他信息"的相关概念和理论，为本书的所有财务收益模型奠定了最为关键的理论基础。

你可能会问："以上这些对我来说有什么意义呢？"虽然数字化转型本身并不能带来价值，但在某些经过精心设置的条件下，它可以为你的公司带来你所期待的收益。众多的研究结果表明：在任何技术驱动的转型活动中，仅仅采用简单的方法是无法创造出价值的。需要说明的是，下面 6 点关键发现的所有引用部分都直接取自科利（Kohli）和格罗弗（Grover）（2008）的研究成果，我只是从数字化转型的视角进行重新解读而已。

1. **"技术创造价值。"**长期以来，一直有一种"IT 生产率悖论"——质疑 IT 对公司整体价值增长是不是真的有贡献。现在，人们已经不再对这个问题有争论，因为已经有无数研究成果表明："IT 与公司价值的各个方面（财务相关的、流程相关的或认知相关的）之间存在正相关关系。"技术对创新是否带来收益的争论早已尘埃落定：众多研究成果证明了创新收益与技术收益之间的正相关关系。因此，对你来说，一个好消息是：假设数字化转型和财务收益也像技术和创新收益那样有正相关关系，那么就会存在一条通往数字化转型财务收益可量化的道路。至于如何才能找到这条道路，本书后续章节会进行相关论述。

2. **技术"在特定条件下创造价值"。**"IT 如果不是公司更大业务价值创造活动的一部分，则 IT 本身就不会创造价值"（如果你遵循相应的研究逻辑，这一说法也同样适用于"创新"，即创新如果不是公司更大业务价值创造活动的一部分，则创新本身就不会创造价值）。这一关键发现对于你来说可能不是好消息，如果你是基于IT技术而不是基于业务价值创造来开启你的数字化转型之旅的，则数字化转型很可能无法给你带来你所希望的收益。因此，在开展数字化转型项目时，你必须明确所有影响数字化转型的关键价值创造要素，并把这些要素纳入项目实施中。如何才能成功做到这一点？我将在本书后续章节做出详细解释，并给你提供一个新的数字化转型收益框架，帮助你获取数字化转型的完整收益。

3. **基于技术的价值呈现具有多样性，往往"在多个层面和多种方式上表现出来……"** IT可以像其他形式的资本一样，既可以通过提升生产力的直接形式创造价值，也可以通过流程再造、提升盈利能力或增加消费者净收益等其他形式创造价值。IT可以在个人、团队、公司、行业等多个层面发挥多种作用，涉及的形式包括战略与IT对齐、组织和流程变革、流程绩效、信息共享等（同样，关于"创新"的价值创造，也可以用类似的语句来表述）。正因为基于技术的价值呈现具有多样性，在衡量数字化转型收益时，你就会感到这是一项涉及多个维度的复杂任务。但是，你也不必过于担心，我会帮助你找到应对这一复杂任务的有效方法。

4. **基于技术的价值"不同于基于技术的竞争优势"。** 这意味着"创造价值和创造差异化价值之间存在着根本性区别"。毫无疑问，数字化转型本身并不是企业的一种长期战略选择，我将在本书后续章节讨论数字化转型"策略"（strategy）的重要性时对这一点进行更详细的解释。

5. 基于技术的价值"可能仅仅是当下潜在的一种（实物）期权，其收益可能在公司后续发展阶段才能体现出来"。这意味着——正如你可能已经猜到的那样——数字化转型并不会像你所希望的那样马上呈现出收益，甚至在最初可能只是能够让你投资、构建一个平台以备不时之需而已。你将在本书后文看到如何更好地预测数字化转型收益和相应的管理机制。

6. 技术投资和收益之间的因果关系"难以捉摸"。根据科利和格罗弗（2008）的说法，"对于所创造的价值，我们很难完整捕捉和正确归因……最大的难点在于，完整收集相关数据是一项艰巨的任务"，人们所关注的"缺乏经过验证的估值理论和可应用的统计与分析工具"反而不是最大的挑战。幸运的是，虽说难以完全捕捉技术投资和收益之间的因果关系，但这并不意味着捕捉工作"不可能"开展，我在本书后续章节将证明这一点。

■ ■ ■

数字化成熟度与数字化收益并非一回事

许多咨询顾问为了说服客户尽快启动数字化转型项目，特别喜欢使用的一个工具是"成熟度模型"（maturity model）。这里所指的成熟度模型，简单来说，就是定性地衡量一家企业在数字化转型过程中的进展水平（例如，从 1 到 10 打分，或用结构化文字描述的形式来让客户基于自身当下的状态进行"对号入座"）的模型。这里所指的进展水平涉及不同的维度，这些维度以多种方式组合成一个整体模型，这个模型通常会将你的企业现状与以下参照基准进行比较：你计划达到的目标状态或竞争

对手的预期状态 / 当前状态。在很多领域的咨询工作中，这种方法非常常见，因此咨询顾问把成熟度模型用于数字化转型领域并不会令人感到意外。从乙方销售和业务拓展的角度来看，成熟度模型的优点在于，你可以用任何你想要的方式来轻松定义成熟度模型的维度和标准，然后把从"良好"到"优秀"的阈值设置得足够高，确保你总是能找到理由引导客户去启动新一轮变革。具有讽刺意味的是，无论参照基准是"企业现状 / 未来期待"还是"竞争对手"，你都可以依据"在数字时代，行业壁垒将逐渐消失"这一观点来自由定义成熟度模型的维度和标准。我相信，根据过往的经验（或听闻的他人的经验），你应该已经对数字化转型成熟度模型的评估主观性弊端有或多或少的了解。如果咨询顾问应用成熟度模型的意图不正（即主观地设置成熟度模型的维度和标准，引发客户的焦虑感，从而给客户推销更多的产品 / 服务），那么我对成熟度模型的使用是持批评态度的。此外，考虑到成熟度模型在"未来就绪度"（future readiness）这一被更加广泛使用的术语中有突出地位（Weill & Woerner，2018），或者考虑到最突出的"数字化成熟度"（Kate et al.，2017；Kane et al.，2018；Kane et al.，2016；Kane et al.，2016；Westerman，2011，2013；Westerman et al.，2014），成熟度模型是值得我们反思的。与我之前的相关研究发现一致，相关技术 / 信息技术 / 信息系统的成熟度工作显然没有为任何数字化成熟度工作提供显著的灵感或科学基础。从 21 世纪初开始，尽管成熟度模型和相关工具的数量在大幅增加（Becker et al.，2010），但现有的概念（Becker et al.，2010；Proença & Borbinha，2016）被人们完全忽视了。幸运的是，这并不是关键问题，因为早期的数字化成熟度研究与后来的成熟度概念存在相同的主要缺陷：几乎所有的成熟度模型都是描述性的，因此几乎没有实证依据（Becker et al.，

2010）来帮助我们找到加速获取数字化转型收益的科学方法。

　　总而言之，（数字化）成熟度模型是有其用途的——如果你能够认识到这一模型的复杂度，理解它们能为你做什么和不能为你做什么。为了帮助你更好地理解数字化成熟度的各种变体和相关概念，我在这里将它们分为 3 种不同的类型。

第一种类型：抽象数字化成熟度

　　第一种类型是抽象数字化成熟度（abstract digital maturity）。该类型的典型例子包括"数字领导力"（Raskino & Waller，2015）和"在数字世界中充分发挥潜力甚至超越"（Gale & Aarons，2017）。有时，这种类型也被称为"未来就绪度"。根据韦尔（Weill）和韦尔纳（Woerner）的说法，"未来就绪度高的企业，能够找到创新方法，在满足客户需求的同时降低成本……这类企业善于利用数字能力将传统企业成功转变为数字经济时代的弄潮儿"（Weill & Woerner，2018）。然而，"未来就绪度"的概念虽然很容易表述，但很难被验证。关于"未来就绪度"的定义及特征，大多仍然是比较抽象的。过往的研究者针对这些定义及特征提供的实证证据很少，因此除了激发一般性的讨论之外，这些概念对于我们想要实现的目标（即探讨数字化转型的收益）几乎没有用处。尽管如此，在某些情况下我仍然会使用这些概念。当你和那些对数字化不太熟悉的公司管理者进行初步探讨时，"抽象数字化成熟度""未来就绪度"等概念可能有助于对方理解你所表达的意思。举一个例子，我和一家规模较小的地方性公共事业企业的首席执行官、首席财务官探讨数字化转型时，就借助了"未来就绪度"这一概念。同时，我向他们展示了多个数字化实践案例，让他们意识到数字平台企业如今已经能为其客户提供哪些创新服务。我们将讨论的重点放在全渠道体验、数字化优先的交互方式、聊天机器人等与公共事业领域强相关的数字工具上。这样的探讨给他们敲响了警钟——提醒他们着手开展一些数字化工作，帮助他们从抽象的需求理解真正转变为实际的行动，进而带来对自身企业更实在的变革。

第二种类型：功能数字化成熟度

第二种类型是功能数字化成熟度（functional digital maturity）。这种数字化成熟度针对特定的功能领域，如"数字营销治理成熟度"（Chaffey，2010）、"智能工厂实施成熟度"（Sjödin et al.，2018）、"网络分析成熟度"（Hamel，2009）等。了解这种数字化成熟度类型在初步评估中是有价值的，但也对公司实际所需的整体数字化转型几乎没有提供任何有意义的参考。然而，这些概念也有其用途，通常可以作为那些被清晰界定的优化程序的定性要素。例如，我在为欧洲一家大型电信公司的数据智能部门提供评估服务时，就使用过它们。当制定如何将此领域提升到支持业务成功的下一个层次的概念时，团队的成熟度、数据生成和整合方法，以及底层技术基础设施则可以提供很好的输入（但其作用仅此而已）。

第三种类型：聚合数字化成熟度

第三种类型是聚合数字化成熟度（aggregated digital maturity），这是市场上最常见的但也往往是最不透明的方法。在理想的情况下，它会以简化和易于解释的 2×2 矩阵出现，但不同矩阵的横轴和纵轴的参数差异很大。咨询顾问很喜欢这种方法。表 2-1 提供了数字化成熟度的一些典型研究，这些摘要是从业界的高水平见解中精选出来的。这个表格应该有助于你从合适的视角更好地审视当前和未来可能遇到的各类成熟度模型。

表 2-1　数字化成熟度的一些典型研究

作者	轴参数	象限 / 原型	象限分隔	数字化转型值的定量分析
韦斯特曼（Westerman）、邦内特（Bonnet）和麦卡菲 McAfee（2014）	<ul><li>数字化能力</li><li>领导力</li><li>在早期版本中：数字化强度</li><li>转型强度</li></ul>	<ul><li>入门者</li><li>保守派人士</li><li>时尚达人</li><li>数字大师 / 数字精英</li></ul>	平均值加上沿每个轴的半标准偏差	是（收入和盈利能力）
伯格豪斯（Berghaus）和贝克（Back）（2016）	<ul><li>基于加权九维的聚类分析</li></ul>	<ul><li>促进和支持</li><li>创造和构建</li><li>致力于转型</li><li>用户导向和精心设计的流程</li><li>数据驱动型企业</li></ul>	不适用	否
雷马内（Remane）等（2017）	<ul><li>数字化影响力</li><li>数字化就绪度</li></ul>	<ul><li>第 1 ～ 5 组</li></ul>	平均值	否
韦尔（Weill）和韦尔纳（Woerner）（2018）	<ul><li>客户体验</li><li>运营效率</li></ul>	<ul><li>孤岛和复杂的</li><li>工业化的</li><li>一体化体验</li><li>面向未来</li></ul>	沿每个轴的 2/3	否
凯恩（Kane）等（2018）	<ul><li>线性的</li></ul>	<ul><li>初创期</li><li>成长期</li><li>成熟期</li></ul>	不适用	否

这些模型至少反映了实际中明显观察到的数字化转型路径的非线性（Remane et al.，2017），也是本书后面提到的数字化转型收益框架的关键

要素。但是，这些概念都没有提供关于如何聚合标准／维度列表以得出解释轴的实际方法的详细信息。虽然一些作者已经为原型想出了让人心动的、适合市场营销的名称，但是它们其实并没有什么新意。

这些模型的问题大同小异。数字化成熟度调查如果不能通过可靠的相关性（甚至是因果关系）与外部可测量的收益参数相关联，那么它永远只能是一种主观的内部观点。在大量的数字化成熟度研究工作中，只有韦斯特曼、邦内特等人在他们的研究报告（把数字化能力和领导力作为横轴和纵轴）中展示了数字化成熟度发现对相应的收益参数（如创收和盈利能力）具有积极的影响（Westerman，2013，2011；Westerman et al.，2014）。尽管如此，有时候作为工作的第一步，我在尝试构建出一个反映整个公司深入分析的综合模型时，也会借鉴这类成熟度模型。一个典型的例子是，在一场数字化研讨会上，我若想让管理团队对他们在每个领域需要取得的进展达成共识，就会使用这类成熟度模型。之所以要让管理团队达成这种共识，就是为了给之前已设计的战略奠定成功的基础。这种方法的优点是，你至少可以尝试对你所在的每个领域投入资本进行推演，做到心中有数。

基于有效资本市场（efficient capital markets）的假设（Fama，1970），从概念和实践上来讲，数字化转型过程的外部观察者不能依赖这些抽象的成熟度模型。他们只能利用具体的、可衡量的、可实现的、相关的、时间明确的（即"SMART"原则）数字化转型描述（Kawohl & Hüpel，2018）——这些描述是上市公司在披露信息时经常用到的。无论其他人可能告诉你什么，你都可以使用数字化成熟度模型，但仍可能无法确定更高的数字化成熟度是否会引导你找到我们正在寻找的东西——从市场价值或收益的角度来看就是数字化转型的投资回报。

第三章

一个全新框架：
数字化转型收益框架

在深入阅读本书之前，从不同视角了解数字化转型的定义和范围尤为重要。在微观层面，个人对数字化转型的影响是最低层面的视角；其次是项目层面的视角；再往上是公司层面的视角，某个数字化转型措施或项目对于整个公司横向的数字化转型来说可能并不是那么重要。此外，最顶端还有两个宏观视角，分别是行业 / 市场视角和国家经济视角（见图 3–1）。

本书采用的视角主要侧重于两个层面：公司层面、行业 / 市场层面。我认为只有在这两个层面，数字化转型才可以在不了解组织内部知识的情况下从外部被观察到；而且，只有在这两个层面，针对资本市场价值发展的分析才有可能发生。从外部角度来看，个体层面的信息其实是无关紧要的，而项目层面的信息也缺乏透明度和完整性。然而，当我们讨论数字化转型收益框架的加速器和减速器时，个体层面和项目层面的要素产生了隐含的影响（参见本书第二部分相关章节）。为了呈现数字化转型过程的整体视图，显然在多个场合的讨论中还必须包含行业 / 市场层面和国家经济层面的宏观视角。特别是在讨论转型驱动力或变革触发点时，这一点尤其重要（本书后文将解释"供应侧催化剂""需求侧催化剂"）。

行业/市场层面也是应用统计模型的关键要素之一，即通过所谓的"行业效应"（industry effects），详细内容在本书第十三章中进行介绍。

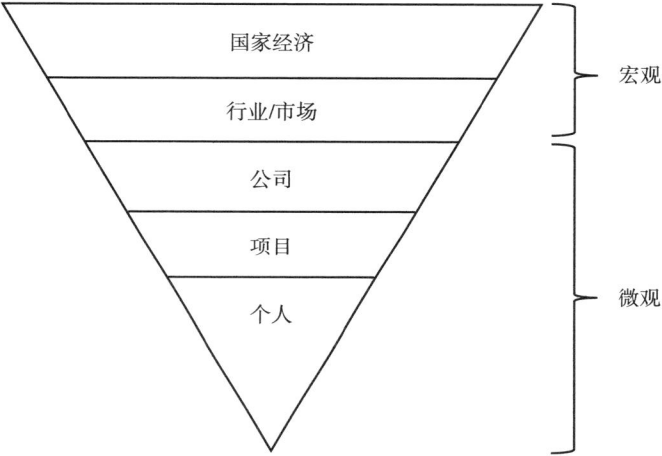

图 3-1　数字化转型视角

考虑到当前关于数字化转型的定义和框架的混乱局面，有一件事是显而易见的：人们需要一种共同语言来正确管理数字化转型，以加速数字化转型收益的产生。为了达成这一目标，本书将数字化转型的过程与化学反应过程进行类比。这种类比能够更好地描述数字化转型驱动力（即"催化剂"）的潜在价值影响。这些驱动力"就像化学催化剂一样，……是可以提高'数字化转型'反应速率，但自身在化学反应结束时并不会被消耗的物质"（Briggs，2019），同时种这类比也说明了处于数字化转型范围内的公司的组成部分（即"反应物"）、所选择的数字化转型规划和管理过程（即"反应机理"）与产生的数字化转型结果（即"产物"）。此外，需要特别补充的一点是，所有公司都需要一个策略（即"设计"），这是所有数字化转型的基础，目的是在市场上建立可持续的竞争优势（Nanda et al.，2021）。否则，整个数字化转型很可能会失败，或产生完全意想不到的、灾难性的影响，其中一个典型影响是你的公司在数字化转型中没有获得相对于竞争对手而言更大的优势，却花费了大量资金。值得说明的是，虽然这个框架考虑的是数字化转型，但它也适用于任何（颠覆性）技术驱动的转型。这一点很重要，因为世界很可能正在或将很快进入新的发展阶段（数字化转型仅仅是当下的热潮而已）。据预测，世界将迅速发展到超越数字化阶段，到那时所谓的"幂次智能"（exponentials），包括智能流程（intelligent processes）、集成现实（integrated reality）、新能源矩阵（new energy matrix）、数字治理（digital governance）、生物编程（bio-programming）和神经游戏化（neuro-gamification）等会使数字化转型变得"无聊"（Rodriguez-Ramos，2018）。

■ ■ ■

数字化转型收益框架的五大关键要素

正如我们所看到的（见图 3-2），数字化转型在本质上是企业的业务转型。经研究，业务转型具有以下五大关键要素。

1. 基于达成新的商业制胜方式的**设计 / 策略**（design/strategy），该方式建立在独特且难以复制的实物期权、新能力和 / 或流程及公司内部或与其他公司接口的关系上。
2. 主动或被动地启动该类转型，以捕获或缓解已经可见的或未来预期的数字技术相关的供应侧和需求侧的**催化剂 / 驱动力**（catalysts/drivers）。

3. **反应物 / 反应范围**（reactant/scope）从核心业务扩展到相邻业务、边缘业务，从近往远扩散。

4. 采用"顺序式"（也称"瀑布式"）、"敏捷式"或"混合式"**反应机理 / 反应过程**（reaction mechanisms/ reaction processes）进行规划和实施，并通常具有迭代性，这意味着数字化转型是一个反复进行、不断改进和升级的过程，每一次转型完成都会为下一次转型奠定基础或提供新的起点。

5. 最终引导整个企业得到转型的**产物 / 结果**（products/ outcomes），这些产物 / 结果可能是抽象的，也可能是具体的，从而产生竞争优势和可衡量的投资回报。

下面，我将对这五大要素进行解读。

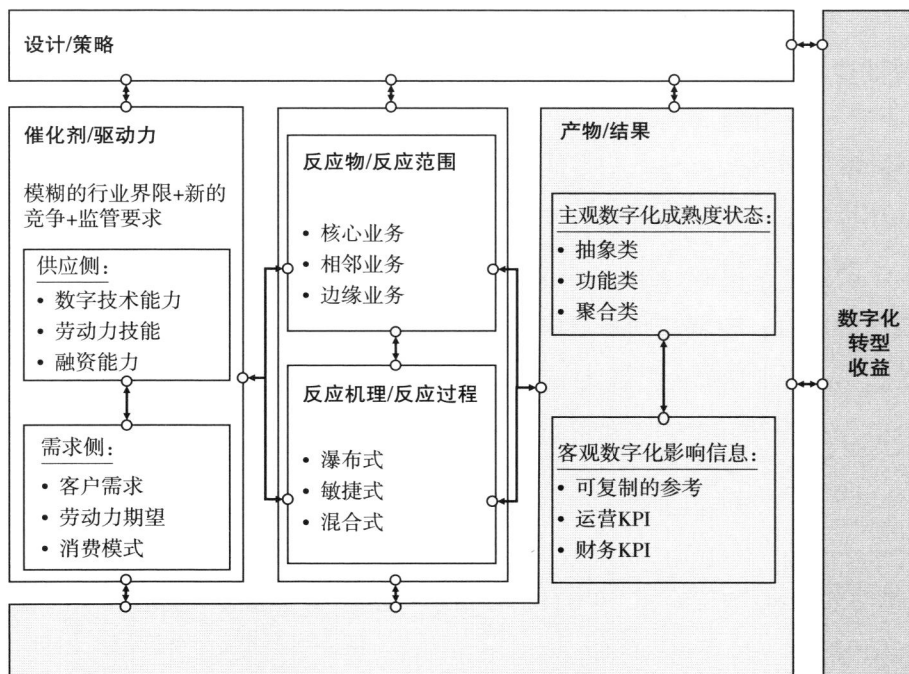

图 3-2 数字化转型收益框架

关键要素一：设计／策略

随着时间的推移，许多框架和战略方法发展成为当时的热门话题，然后又消失了（Mintzberg et al.，1998）。我在近 20 年的战略咨询工作中学到的一件事是，无论实际选择了哪种方法，任何不基于明确的业务战略引领的转型方法几乎都会失败。对于数字化转型来说，这可能更具有现实意义，因为数字技术的美好诱惑可能会导致人们忽视企业业务的真正目标：实现可持续的成功。请注意，虽然这个要素是数字化转型收益框架中的第一个要素，但在第二部分，它仍然会被放在其他要素的后面进行解释——因为从教学的角度来看，你在了解其他要素后，会更容易理解这个要素。

关键要素二：催化剂／驱动力

组织和战略研究者通常认为，几乎所有企业的战略转型都会受到市场环境的影响。随着时间的推移，与这一观点相关的许多框架和战略方法不断发展（Mintzberg et al.，1998），这些框架和战略方法通常有一个相同的观点：转型受到复杂程度不同的供应侧和需求侧的影响。在管理实践中，行业所属的产业（industry sector）、行业集中度或类似的数据点可以作为统计公司绩效和价值的调节变量。关于这方面，科利和德瓦拉杰（Devaraj）（2003 年）在对技术／信息技术／信息系统价值进行研究时就做了很好的总结。在本书中，这些框架和战略方法——据说能够实现"供给和需求的压缩"（Gale 和 Aarons，2017）——将作为关键催化剂发挥作用。

关键要素三：反应物／反应范围

正如实践界和学术界在数字化转型工作中看到的那样，人们普遍认为，公司整体是数字化转型范围内的最终反应物。然而，除了规范性建议外，我们至今还没有发现共同的结构以进一步分解该范围（反应物），包括从哪里开始，以什么顺序进行，应该应用哪些规划和执行过程（反应机理）来获得预期结果等。正如数字化转型实践已经证明的那样，只有零星的管理文章中讨论了如何更好地构建数字化转型范围。这一切都取决于你的公司从哪里开始，在哪里结束。借鉴已有的创新研究成果——利用与核心业务的距离（Strecker，2009），厘清核心业务（也称为中心业务）、相邻业务和边缘业务（也称为周边业务）（Gray et al.，2013）之间的区别，用于定义你的起点或当前的转型重点。我始终坚持这样的观点：这些范围问题只是数字化转型的起点，我们永远要放眼整个公司，为公司的整体利益着想。因为整个公司都需要适应转型（Andal-Ancion et al.，2003），在核心业务领域的开发性（exploitative）转型（例如，使其传统基础设施更加现代化）和邻近业务领域／边缘业务领域的探索性（explorative）转型（例如，成立新的业务单元，该业务单元的业务可能扩展到与核心业务差异非常大的行业，也可能只是向与核心业务很相近的行业迁移）之间找到平衡。

关键要素四：反应机理／反应过程

有趣的是，与被人们广泛接受的明确可分解的制胜策略要素（Lafley & Martin，2013）相反，实践者越来越多地从讨论转型的反应物（即实际的转型范围）转向讨论转型的反应机理（即转型过程）。在没有明确目标的情况下，基于软件和 IT 开发实践的商业流行语，如"敏捷""混合""双速""双模态"等开始发挥作用——我们需要详细描述和深入理解，以便将其整合到我们的数字化转型收益框架中。

关键要素五：产物／结果

结果（产物）被分为两类——抽象结果和具体结果，每一类具有不同的特征。第一类结果包括所有主观的数字化转型结果，这些结果无法轻易被股东所感知。抽象结果仍然是当前学术界和实践界对数字化转型影响分析的主要内容，并涵盖了所有问卷／调查或其他基于主观分析的成熟度模型（这些模型在第二章中有详细阐述）。从完整性角度考虑，这一类结果是跨学科框架的组成部分，但对于本书的实证研究目标来说，它的价值很小。相反，第二类结果可能包括更多无偏见的描述［从现在开始将其称为"可复制的参考"（replicable references），第八章将其作为本书所依据的关键概念进行详细说明］，最好公开声明数字化转型努力、行动或质量结果、运营 KPI（即参数），例如客户体验或员工体验（净推荐值）及生产率参数和财务 KPI（直接与利润表、资产负债表、现金流量表中的数字化转型数据挂钩）——因为这可以为实证研究结果的得出提供更充分的输入。

为了方便起见，我在附录 A 中附上了一份关于管理实践和科学研究中数字化转型关键文献的概述，并将这些文献的研究成果纳入数字化转型收益框架中。

从整体视角来看，虽然上述关键要素有助于我们构建数字化转型收益思维，但企业实际的数字化转型所涉及的要素往往要复杂得多。每一场转型都有两面性，在估计、衡量和管理方面都存在诸多挑战，能否妥善应对这些挑战加速或减缓数字化转型产生潜在影响。

为了更好地把握这种多维复杂性，我决定不在本书分析所需的维度之外再引入另一个成本效益框架（这会使事情变得更复杂）。相反，我们将以表 3-1 所示的 4 个象限的简单表格的形式来展开对每个要素的讨论。

在表 3-1 中，一个维度展示出该项目是数字化转型收益的加速器还是减速器；另一个维度用于展示数字化转型收益是更有形（更容易衡量和量化）还是更无形（更难以衡量和量化）。

简而言之，加速器加快了数字化转型收益的获取。具体而言：最容易估算和衡量的是成本节约，无形、难以估算和衡量的是收入增长，而最抽象、常常被忽视的是客户盈余影响（customer surplus implications）——它给成本节约和收入增长带来间接影响。

减速器减缓了数字化转型收益的获取。具体而言：最容易规划和衡量的是资金支出，可规划和可衡量的是运营支出投资，最抽象、常常被忽视的是机会成本。我将在本书后面帮助你以易于理解的方式构建所有成本效益论。

表 3-1　数字化转型收益杠杆集

数字化转型收益杠杆	更无形	更有形
加速器	增量收入 来自客户剩余的间接收益	成本节约
减速器	不可规划的机会成本	可规划的资金支出 可规划的运营支出

■ ■ ■
数字化转型收益之路，从来不会像你所希望的那样笔直

为何数字化转型收益之路不像你所期望的，或在某些书中看到的那样笔直有序呢？因为现实世界本就不是笔直有序的。

首先，所有要素都可能在许多方向上相互影响。这意味着，不仅同时推动转型的多种催化剂可以界定哪些反应范围受到的影响最大（例如，效率提高的核心业务，或启用新商业模式的边缘业务），而且反过来，转型范围也可以界定哪些催化剂（例如，数字技术）对数字化转型过程更重要。另一个现实企业经营管理中的例子是，数字化转型的过程不仅是反应范围和催化剂的函数。如果数字化转型最初侧重于实施敏捷式工作方式，它几乎自然而然地开始于明确孤立的单元——要么是边缘业务，要么是相邻业务。同样的道理也适用于数字化转型结果的价值反馈，数字化转型结果反过来也会影响所有的转型要素。例如，数字化转型过程中节约下来的资金，可以作为进一步变革的催化剂，这种现象在公司内部沟通中经常被描述为"为变革而节约"（save to transform）。

其次，我们所描述的要素不一定总是产生直接结果。因此，我们需要基于外部可观察的信息来精心设计"数字代理"（digital proxy，该变量将在下一节中介绍），通过"数字代理"来间接衡量每个要素产生的结果。

■ ■ ■
你唯一需要了解的计量经济学公式

现在，你应该已经知道我写作本书的主要目的，即更好地将数字化

转型实践与在真实市场和利润表（P&L）中观察到的价值影响关联起来。因此，你无法绕过一些计量经济学知识。但不要担心，你不需要了解复杂的科学研究过程中所涉及的详细知识，而只需要了解两个实证检验公式，通过它们来确定外部可观察到的数字化转型代理（即前面提到的"可复制的参考"）与选定价值参数的统计相关关系：第一个是市值（market capitalization，以下简称"MARKETCAP"），用来表示股东回报；第二个是三年平均资产回报率（Three-Year Average Return on Assets，以下简称"ROA3Y"），用来表征未来收益。

我们谈论市值时，所有财务分析无非是希望在学术界和实践界的认知之间取得平衡。这意味着你不应该被专业的估值研究模型分散注意力——这些模型是学者关心的，你应该重点关注数字化转型数据的可用性，而不是停留在详细模型参数化的理论特性上。财务估值方法有多种，选用哪一种取决于你的目标（Falkum，2011；Vartanian，2003）。随着时间的推移，直接和基础性的数字化转型、技术/信息技术/信息系统、创新和企业财务价值研究已经应用了看似"无限"变化的自定义方法和标准模型——超出了这一揽子潜在的估值分析方法。然而，从企业实践者的角度来看，进一步回顾这些广泛的大模型并没有太大的意义。相反，我认为最有前景的一种模型是剩余收益估值模型（RIM），它有助于找到合理的方法将非会计数字化转型代理作为"其他信息"整合到基于公开财务报表的模型中。经过仔细评估，如本书附录 E（适合那些有兴趣深入挖掘的读者）所述，剩余收益估值模型，特别是奥尔森计量经济学模型（Ohlson，1995，2001），为本书提供了最好的工具。自 20 世纪 90 年代奥尔森计量经济学模型（Ohlson，1995）被引入以来，剩余收益估值模型为基于会计信息的估值开辟了新的可能性。研究表明，与早期流行的现金流贴现模型相比，剩余收益估值模型可以提供更好的评估结果（Gao et al.，2019；Ohlson，2001）。简单地说，投资者被认为是以当前资产价值换取未来预期收益流。资产价值代表未来预期股息的贴现值。奥尔森计量经济学模型"……用股权账面价值和当前收益代替未来股息的预期价值……基于……清洁盈余原则（clean surplus principle），该原则认为股权账面价值的变动将等于收益减去已支付的股息和其他资本投入的变动"（Muhanna & Stoel，2010）。然而，奥尔森计量经济学模型的基本公式招致不少批评的声音，经常有人批评这个模型把公司的价值低估了。本书附录 B 和 E 中有进一步的阐述和解释，以及所有基本公式的更多细节。

我基于奥尔森计量经济学模型专门开发了一些添加项[①]，并使用回归函数找到数字化转型与市值之间的潜在关系是：

$$MARKETCAP_{jt}=b_0+b_1DIGITALPROXY_{jt}=b_2TOTALEQUITY_{jt}$$

$$+b_3NETINCOME_{jt}+b_4ACOI_{jt}+b_5PAYMENTOFDIVIDENDS_{jt}$$

$$+b_6DELTAEQUITY_{jt}+b_7REVENUEGROWTH_{jt}+b_8ROA_{jt-1}$$

$$+b_9DELTAEARNINGSDATE_{jt}+b_{10}POLARIY_{jt}$$

$$+b_{11}SUBJECTIVITY_{jt}+b_{12}BOOKTOMARKET_{jt}$$

$$+b_{13}INVESTEDCAPITALGROWTH_{jt}$$

---

① 奥尔森计量经济学模型是本书的核心模型，是美国学者费尔萨（Feltham）和奥尔森（Ohlson）在 1995 年提出来的一种股票估值模型。该模型自问世以来，被全球诸多学者运用到企业价值的评估中，其基本形式如下：

$$p_t=b_t+a_1x_t^a+a_2v_t$$

其中，p_t 表示 t 期股权的价值；b_t 表示 t 期的账面净资产价值；a_1、a_2 是系数；x_t^a 表示 t 期的剩余收益；v_t 表示尚未在会计报表中反映的与企业股权价值有关的信息。本书基于该模型探讨数字化转型对公司市值（MARKETCAP）的影响，因此会根据该场景设置不同的 v_t 变量，表征公司（j）在年份（t）相应变量的数值。下文的未来收益（ROA3Y）回归函数也是同理。

+firm |industry+interactions+year+e_{jt}

其中数字代理（DIGITALPROXY）是一个专有变量，用来衡量公司的数字状态（见本书附录 E），而公式中其他财务变量的含义，从它们的命名来看基本上都是一目了然的，是公司（j）在年份（t）相应变量的数值。（year）和（firm| industry）表示年度时间范围内和公司 / 行业的固定效应，（interactions）表示可能的变量相互作用，（e_{jt}）是随机误差项。

虽然数字化转型对市值的影响是本书的主要关注点，但看起来还应考虑一个更直接的会计驱动参数。鉴于"未来收益"与市值的相关性，"未来收益"似乎是最佳选择。与其开发自己的定制模型分析"未来收益"，我们不如采用穆汉纳（Muhanna）和斯图尔（Stoel）（2010 年）开发的成熟模型和方法。除了奥尔森计量经济学模型外，针对这种混合基础模型的广泛实证检验并不多。因此，潜在的缺陷可通过自己的统计稳健性测试得到较好的补偿。由于缺乏逻辑或实证结果支持，因此混合基础计量经济学模型（mixed fundamental econometric model）也采用了与剩余收益回归类似的方法。我们使用三年平均资产回报率（财年的当年和未来两年）的平均值作为未来收益的衡量标准，允许潜在的价值滞后于数字化转型参数的实现。使用的回归函数是：

ROA3Y

$=b_0+b_1\text{DIGITALPROXY}_{jt}+b_2\text{TOTALASSETS}_{jt}$

$+b_3\text{NETINCOME}_{jt}+b_4\text{NETINCOMEGROWTH}_{jt}$

$+b_5\text{REVENUEGROWTH}_{jt}+b_6\text{POLARITY}_{jt}$

$+b_7\text{SUBJECTIVITY}_{jt}+b_8\text{DELTAEARNINGSDATE}_{jt}$

+firm |industry+interactions+year+e_{jt}

以上公式中所有变量的含义，从它们的命名上基本都是一目了然

的，它们是公司（j）在年份（t）相应变量的数值，（year）和（firm|
industry）表示年度时间范围内和公司/行业的固定效应，（interactions）
表示可能的变量相互作用，（e_{jt}）是随机误差项。极性（POLARITY）和
主观性（SUBJECTIVITY）是附录 D 中解释的额外情绪测量。

　　为什么要关注数学公式？正如附录 E 详细说明的那样，这些公式不
仅仅是学术界的理论公式，在实践中它们在某种程度上也存在显著的关
系，甚至表现出某一种因果关系。这意味着你在数字化转型方面所做的
工作，都可以直接或者间接地影响市值和未来收益——直接影响通过数
字化转型代理衡量，间接影响通过用于寻找与市值和未来收益之间关系
的财务参数衡量。本书对此进行了广泛测试。因此，无论你在数字化转
型方面做些什么努力，当你开始引入成本效益杠杆和这些公式时，你都
可以对这些努力在投资回报方面的影响更有信心。

第二部分

数字化转型收益框架五大关键要素

第四章

供应侧的转型催化剂：
技术与其他因素

请记住，我们假设数字化转型催化剂"就像化学催化剂一样，……是可以提高'数字化转型'反应速率，但自身在化学反应结束时并不会被消耗的物质"（Briggs，2019）。

我们将数字化转型催化剂分为两组（每组有 3 个催化剂）。第一组是供应侧催化剂，将在本章详细解释；第二组是需求侧催化剂，外加一个广泛影响的因素，将在下一章解释。

在供应侧，我们发现数字化转型被以下催化剂影响：

- 数字技术能力
- 劳动力技能
- 融资能力

■ ■ ■

供应侧三大催化剂之间的关系：缺乏新的劳动力技能和融资能力，数字技术能力将没有用武之地

供应侧催化剂涵盖所有技术驱动的转型，并具有一个共同点：与技术能力有关，或依赖于技术能力。但这并不是说你在技术上投入就能够产生价值（Salviotti，2022）。

我们还需要讨论其他催化剂，这些催化剂往往不被重视，但同样重要。供应侧催化剂，除了数字技术能力，还包括劳动力技能和融资能力。

好消息是，无论你认为数字化转型有多么强的独特性和颠覆性，大多数被广泛研究的技术/信息技术/信息系统转型和数字化转型之间仍然存在共性。我们可以而且也应该从相应的研究成果中受益。不过需要注意的是，相应的技术/信息技术/信息系统价值概念，通常并不指代某项特定的技术，而是指如下更需要关注的结构差异：

- IT 投资（Devaraj & Kohli，2002；Kohli et al.，2012；Muhanna & Stoel，2010；Sircar et al.，2000）
- IT 资产（Aral & Weill，2007）
- IT 能力（Bharadwaj，2000；Leonardi，2007；Mithas et al.，2011；Muhanna & Stoel，2010；Saunders & Brynjolfsson，2016）

人们通常基于资源导向型观点和动态能力思维看问题（Aral & Weill，2007；Bohnsack et al.，2018），将技术视为很抽象的事物。只有少数研究者（McAfee & Brynjolfsson，2008；Peppard & Ward，2005）认为，

特定技术，例如企业资源规划（ERP）和客户关系管理（CRM），发挥了更重要的作用。

但数字化转型远不止于此。它不仅是一项 IT 投资或一种（动态的）IT 能力，而且涉及一系列新的、具有颠覆性的技术簇如何在更短的时间内变得可用（Kane et al.，2018）。技术可以为转型 / 变革创造一种紧迫感（Fitzgerald et al.，2013；Gale & Aarons，2017；Raskino & Waller，2015）。然而，"要成为数字领导者并不仅仅存在技术是否娴熟的问题"（Baculard，2017）。在当前这个世界中，没有哪项技术本身能够成为成功因素，真正的成功因素是企业在正确的时间节点对有益的技术突破进行监控、评估和捕捉的能力（Andriole，2017），即"三重临界点"，让技术、监管环境和社会发展协同发挥作用（Raskino & Waller，2015），这样才能使战略产生巨大的影响。关于创新价值的研究也得出了与上述内容类似的结论，这也清楚地证明了有效管理"技术导向""市场导向""竞争者导向"的积极影响（Strecker，2009）。

■ ■ ■

供应侧催化剂之一：数字技术能力

实际上，人们对"数字技术能力"的分类存在着很大的差异（Bohnsack et al.，2018；Briggs，2019；Brynjolfsson & McAfee，2014；Gimpel & Röglinger，2015；Parida et al.，2019；Rodriguez-Ramos，2018；Schwab，2017；Sebastian et al.，2017；Westerman et al.，2011；Williams & Schallmo，2018）。不过，我发现基于布里格斯（Briggs）（2019）颗粒度更细的年度技术趋势研究得出的分类结果，最符合本书想表达的意思。我承认这是一种

非常主观的方法，但我还是将其按照我认为的相关程度（至少就我现在所知的情况而言）从高到低重新排列。

表 4-1 根据数字技术当前的成熟度和影响范围进行了结构化分类，如表 4-1 所示。

表 4-1　数字技术概览

影响范围	成熟度低	成熟度高
影响范围大	<ul><li>分析技术</li><li>网络安全（数据安全）技术</li></ul>	<ul><li>云技术</li><li>数字体验技术</li></ul>
影响范围小	<ul><li>数字现实技术</li><li>区块链 / 分布式账本技术</li><li>长尾技术</li></ul>	<ul><li>智能自动化技术</li></ul>

云技术

在过去 10 年间，云技术是数字化转型领域相关度最高的企业技术和供应侧技术催化剂（Briggs，2019）。显然，云技术是自互联网引入以来 IT 史上最大的突破之一。追溯云技术的源头，VMWare 公司早期率先使用中央容器和资源来降低技术部署成本（Rodriguez-Ramos，2018）。如今，云技术已经从单纯的基础设施成本杠杆，转变为大规模交付及商业模式创新和转型的潜在催化剂，并突破了数据中心现代化的局限性。亚马逊、谷歌、微软、IBM、阿里巴巴和腾讯等知名科技巨头主导着云技术的发展路线。

在云技术的多重服务承诺的推动下，许多企业已把其大部分工作负载（应用程序和数据）迁移到各种形式的云端（私有、共享、混合、公共……）。"从基础设施即服务（IaaS）功能，到平台即服务（PaaS）功能，再到如今日益完善的供应生态系统，云技术有条不紊地向更高阶自动进化，以创建行业层面更优化的平台"（Buchholz & Briggs，2022）。从前端的客户系统到后端的财务系统的端到端的整个价值链都受到了云技术影响。然而，当你有机会更深入地了解底层程序设计时，你会发现这些变革大多数都是在项目进度压力下由技术驱动的，与整体业务战略的关联其实很有限，或只是有时候想起才将其回溯关联起来。此外，在许多公司中，云技术即使和业务战略有关联，也没有被正确地转化为 IT 战略。可能你的公司就是这样。你是否像其他人一样，在不久前急于进入云端？你是否未能协调好你的多个云迁移项目，最终只好同时与多个云服务供应商打交道？这个问题是否带来流程、安全性和治理方面的负面影响？无论是企业内部员工还是外部客户，是不是都没有获得预期的项目收益？如果你的回答是"是"，我并不感到惊讶。云计算的潜力，几乎从未被充分挖掘。难怪从一开始用于界定这种巨大潜能的业务杠杆从未被明确定义过。在许多情况下，这些项目最终都沦为传统 IT 基础设施的替代品，它们在节约基础设施成本之外所能发挥的作用根本没有被利用。即使是经过更周全的考虑而设计的项目，通常也只是与成本基准相比有一定收益而已（顺便说一句，从这个角度是很难得出比较结论的）。它们使用运营 KPI（例如，来自 DevOps 和其他工具的 KPI），以及在最好的情况下，使用一些额外的间接 KPI 来更好地理解云计算的平台效应，以便以后在获取增量的商业价值方面能有备选方案。

我几乎从未见过对公司业务真正起重要作用（即作为战略业务目标）的云转型——云转型带来的最终客户和内部客户的体验改进［使用净推荐值（NPS）或客户满意度指数（CSI）衡量改进后的客户满意度得分］，

以及除了成本节约之外的所有相关的战略 / 财务方面的积极影响。

假如所有这些还不够令人沮丧和具有挑战性的话，你还必须应对最近引起实践者关注的云悖论（Wang & Casado，2021）。云悖论简单而痛苦地表明"不上云很傻，只上云更傻！"为什么呢？因为如果你的业务增长速度跟不上爆炸式的云成本增长速度，那么在接下来的部分中描述的所有收益的加速器的作用可能不会持续有效。这导致云计算悄悄地侵蚀着你的利润。是不是有点讽刺？你最初上云是为了省钱，现在反而变成了"烧"钱。今天，一个公认的反直觉的想法是，有时可能需要将一些工作负载从云上"遣返"回自己公司原有的 IT 基础设施上，或者执行云到云的迁移——从一家云供应商迁移到另一家云供应商（只因为另外一家云供应商的报价更低）。曾经你设想上云之后，公司就不再需要 IT 专家，现在看来不是那么回事。

在自建企业数据中心和上云之间，有一个关键的问题一直困扰着你：如何找到解决大量技术债务问题的有效办法（Magnusson & Bygstad，2014）。核心 IT 系统需要摆脱过去的孤立状态，企业要开发出一种跨职能的方法。在这种方法中，IT 和业务作为一个双模态（Haffke et al.，2017）或双速（Westerman et al.，2014）的集成团队。鉴于传统的技术和技术环境的复杂性，组织的目标是"通过向技术人员和业务部门展示微服务，以激活传统的核心 IT 系统"（Briggs，2019）。

因此，当你开始或继续把工作负载迁往云端时，你必须确保这样做的背后的长期业务理由和方法是非常明确的。你是基于合理的、有弹性的价值案例来逐步推进——例如"提升和迁移"——通过部分一对一的负载迁移，随后进行迁移（重新托管、重塑平台、重新构建、重新编码、重新购买、退役）还是采用大爆炸式的推倒重来？在做出决定之前，你必须考虑云技术的一系列复杂的加速器和减速器，这将影响你的数字化转型收益的产生时机和大小。

云技术收益的加速器

一旦你成功地将面向外部客户和内部员工的大量 IT 负载迁移到云端，或使 IT 基础设施能够支持前端与云技术平滑对接，你的新云解决方案就可以理想地与你的"数字体验技术"（稍后会解释这个概念）集成，从而更好地支持端到端的客户体验——这也间接地增加了公司相关的收入和效率驱动力。你可以在云迁移商业案例中建模、定位和衡量。相关收益包括：提高客户满意度得分；由于前端易用性的提高，转化率和留存率也会相应提高；在前端／后端集成中减少手动步骤，从而提高自动化程度。

如果你同时致力于提高产品开发的敏捷性和加快产品上市，以满足市场需求，那么这种云迁移商业案例的积极影响可能会得到进一步的提升。或者，你可以仔细挖掘数据，并进行应用分析和模式识别，从而提出新的主张，那么你就能够超越竞争对手。你可以规划这些影响，并将其作为先行者产品和服务发布的增量收入、凭借更快和细分的生命周期价值驱动的服务组合和定价调整带来的利润改善，或者作为更快的客户旅程改进和流程驱动成本节约的间接收益来衡量。

同时，你的云解决方案可以提供更大的可扩展性和接近即时的可用性——这也将产生更高的容量利用率与成本比率。你可以在你的商业案例中将其建模为收入增长案例的推动因素，或者在大规模峰值或需求激增的情况下降低对需求预测不确定性／故障的成本。

此外，借助云技术，你可以降低服务中断的风险（这可以从相关的历史数据中推断出来），并预估需要避免的成本。稍后我们将对这些进行更详细的阐述。事实上，（网络）安全现在是云服务提供商的责任，可以带来协同效应。例如，这可以是一个共享的网络安全团队，或无须长时间升级部署即可立即更新。

这样的协同效应可以为你带来成本优势，如云服务提供者集中开发最佳可用服务和功能，可以增强整体互操作性和灵活性。显然，这取决于云服务提供商，因此也意味着你将失去自主控制权——你只是服务的消费者，而不是开发者。与此同时，你可以通过使用新的方法来降低开发成本，大幅提高运营流程的效率，这可以在规划相应的成本时，在你的商业案例中通过建模来实现。

最后，将大量 IT 负载迁移到云端可以让你摆脱建设支出（capex）的限制，将大部分支出转移到运营支出（opex）中，但这只是硬币的一面。硬币的另一面是，如果折旧和摊销让投资者对公司估值产生了负面看法，则可能导致削减人员的念头出现——既然大量 IT 负载已经被迁往云端，公司内部就不需要留下那么多人对旧的 IT 系统进行维护了。

云技术收益的减速器

不幸的是，每个云转型都会面临各种各样的收益的减速器，我经常在商业案例中看到这些减速器并没有得到充分重视。这些减速器始于多云战略设计成本，这是一项关键的投资，却往往被忽视，导致变成一个纯技术驱动的云转型项目，随后通常带来巨大的用云成本（因为长期使用云通常还需要借助外部第三方的专业知识）。这些成本包括匹配公司先前已开发的战略、许可证、使用成本及通常难以提前纳入计划的供应商、员工扩充、特定领域专家和顾问的费用、推广成本等。与其他项目一样，你还要预留一笔风险对冲备用金，便于应急调度。

从技术上讲，在付出以上成本之后，你就可以上云了。但是，遗憾的是，为了实现你所追求的业务目标，你要付出的成本还不止这些。在上云的早期阶段，你需要面对高昂的外聘费用，投入稀缺、领取高薪的内部云专家，关键招聘和培训成本及对熟练的老用户、开发人员和架构师的留任成本——这些成本会吞噬你的投资收益。为了让员工愿意使用新技术、新流程，并激发他们的创新能力，使云技术与你的总体战略目标保持一致，你还需要在整个组织范围内准备一笔变革管理成本（与员工相关的话题将在本章后文详细解释）。

你在规划投资收益时要把云计算的持续许可证、运营和维护成本考虑进来，特别是在建设支出向运营支出转变后，你公司的市值可能会因此受到负面影响。你可能会陷入供应商锁定的困境，需要承担大量的最低云空间使用量承诺。如果没有适当的退出和迁移策略，而经济形势又需要你"轻装上阵"，那么你在后续阶段将无法摆脱这些沉重的负担。云转型不是一锤子买卖，而是一个持续投入的过程，而且还需要持续适应技术新版本、新技能及政府对云的新监管要求等。

最后一点，也是往往容易被忽视的一点是，任何云转型都会抬高你的安全成本基线。在你的商业案例中，还应该包括数据安全验证工作、法规驱动的调整（例如 GDPR）和其他合同义务。

根据云技术收益的典型特征，我汇总了云技术相关的一些关键加速器和减速器，如表 4-2 所示。

表 4-2　云技术收益驱动力

驱动力	更无形	更有形
加速器	<ul><li>通过增加前端的易用性和增加端到端的自动化，对客户满意度、转化率和留存率提供间接支持</li><li>为分析创新及新的用例和收入来源奠定基础</li><li>更高的敏捷性和产品上市时间更短</li><li>降低服务中断的风险，在中央供应商平台上形成（网络）安全协同效应</li></ul>	<ul><li>流程自动化驱动的成本节约</li><li>降低开发成本（DevOps）</li><li>运营工作量减少（但从建设成本转移到运营成本）</li><li>专家级人员成本节约（基础设施、旧系统开发人员等）</li></ul>
减速器	<ul><li>多云战略设计成本</li><li>供应商或供应商组合的选型成本</li><li>招聘和培训成本</li><li>面向熟练的老用户、开发人员和架构师的留任成本</li><li>变革管理成本</li><li>持续调整的成本（版本发布、相应技能、法规要求）</li><li>数据安全验证工作的安全成本、法规调整（例如，来自 GDPR）</li><li>供应商退出策略和迁移成本</li><li>风险对冲备用金</li></ul>	<ul><li>持续的许可证、使用、运营和维护成本</li></ul>

数字体验技术

数字体验技术已成为一个涵盖一系列复杂架构的营销、销售、CRM、服务技术、平台等方面的专业术语。过去，它因面向客户的数字营销和电子商务解决方案而兴起，如今其内涵在不断演变。它具有很强的用户体验焦点，以改善"组织、客户、员工和团体在数字环境中互动和交易的方式"（Briggs，2019）。数字体验技术作为数字技术能力中的第二个催化剂，改变了企业为客户创造价值的方式。现在，人们设想通过单个技术平台或一个高度集成的最佳解决方案集，并常常结合微服务[①]和无头方法[②]等范式，覆盖整个企业。其实这就是数字体验技术的应用方式。

Salesforce、SAP、Workday、ServiceNow等大型软件供应商利用这种普遍的范式，转而坚持"以客户为中心"的理念，将新的解决方案推向市场，并为所有细分市场和渠道的数字化转型减少障碍。

除了刚才提到的那些大型软件供应商，还有无数家不同形式和规模的技术公司也在进行这方面的转变。从商业角度来看，它们这么做是为了实现两个目标：首先，通过更深入地了解客户来获得最佳效果，在客户界面上基于价值驱动的理念在所有渠道上共享和达成一致行动，在沟通和客户生命周期视图上保持一致；其次，确保整个企业无缝地协同处理通过与客户互动所获得的信息。要实现这两个目标，一方面需要借助一系列解决方案和软件将来自多个工具的数据集成起来，创建一个包含所有接触点和产品互动数据的集中客户数据库；另一方面基于"以客户为中心"的理念采取更加系统性的行动将变得越来越重要。数字体验技

---

① 微服务（microservices）是当前软件开发领域流行的一种架构风格，它将大型的、复杂的应用程序拆分为一系列相互独立的最小组件，这些组件被称为微服务。每个微服务专注于完成一项特定的任务，并且可以独立部署、升级和扩展，这使得大型复杂应用程序更易于理解、开发、升级和维护。

② 无头方法（headless approach）是软件开发领域的一个全新架构概念。在软件开发中，特别是在用户界面（UI）的设计和实现中，该方法将前端（客户所看到的"头"）与后端（开发人员所看到的"身体"）进行分离。这种方法强调后端服务的独立性和前端实现的灵活性，使得软件开发人员可以专注于服务的功能和数据提供，而无须关心具体的前端呈现逻辑或界面（前端呈现可以由不同的客户端或者前端应用根据需要来定制和实现）。在现代Web和移动应用开发中，这种方法尤为常见，因为它允许跨平台的复用和服务的快速迭代。

术关注的焦点不再是内部流程，而是一整套从网站到在线商店，再到中间件层，一直到与后台系统的端到端集成。

在任何情况下，利用数字体验技术时都必须确保长期业务需求非常明确，并且与业务战略相吻合。同时，你需要有这样一种认识：持续的小步快跑和适应性方法，与整体战略愿景长期规划工作是同等重要的。

我经常看到，在使用数字体验技术时，一些公司只是静态地照搬复杂的传统现状，也有一些公司做得稍微好一点，但依然缺乏对真正重要的业务问题的响应。有效地实施数字体验技术，需要经年累月的努力，并非一蹴而就。使用数字体验技术真的会让公司取得领先地位吗？还是说，因为同行都在做同样的事情，所以项目结束后公司与竞争对手相比依然没有差别？

数字体验技术虽然提供了许多听起来不错的加速器，但在许多情况下也意味着它是减速器，成本将影响你的数字化转型收益的产生速度和大小。

数字体验技术收益的加速器

在理想情况下，一旦你所有的数字体验平台都已启动并运行起来，在业务和技术团队密切合作的过程中，数字体验技术的优势就可能是多方面的——至少与旧系统相比，你可以达到持续提供服务的预期目标。然后，你可能会期望从新客户群和现有客户群中获得增量收入，这可能体现为以下形式：

- 使业务活动具有更高的转化率
- 降低采购成本

- 通过更好地匹配客户需求和（次优）报价，在追加销售和交叉销售 [①] 时获得增量收入
- 更好地识别和留住那些流失风险较高的价值客户
- 逐步将低利润或负利润客户转移到其他服务

然而，需要注意的是，以上这些是每个提供整体解决方案的供应商都可能提出的华而不实的假设的一部分。在你把任何数字体验技术选为解决方案之前，你需要根据过往经验判断它们是不是真的能够实现。如果条件允许，你可以启动一个试点项目来辅助判断。

数字体验技术收益的减速器

数字化转型的高失败率往往源于企业需要付出高昂的成本。在现实企业经营管理中，几乎每一种数字体验技术的实施，都要与意料之内和意料之外的收益减速器做斗争。即便它们本应该是意料之内的，但当它们变为现实时，管理层往往还是会感到惊讶。首先，你应该考虑的是前期项目和可行性研究中经常未被计算在内的成本，以确保你在开始更大规模的行动之前有更充分的把握。你需要使用迭代、精益的方法对反馈和实际变化进行持续调整。这就要求你尽早开始，勇于面对失败，然后

---

① 追加销售和交叉销售是两种常用的销售策略，两者区别如下：追加销售是指销售人员尝试说服客户购买价值更高、更高级或具有更多功能的产品或服务，而不是他们最初打算购买的版本。这种策略的目标是提高单笔交易的总价和利润。比如，如果一个客户正在考虑购买基础版的手机，那么销售人员可能会说服客户购买具有更多功能的高级版手机。交叉销售则是指销售人员给客户推荐与客户已经购买或正在考虑购买的产品或服务相关联的其他产品或服务。这种策略的目标是通过增加客户的购买数量或频率来提升销售额。例如，如果一个客户购买了一台电脑，那么销售人员可能会建议他购买鼠标、键盘或其他配件。追加销售关注的是销售更高端的产品以提高单笔交易的价值，而交叉销售则是通过销售互补或配套产品来扩大客户的购买范围。

纠正方向，再一次尝试，以确保最终可以实现目标。你的构想过大，只会导致惯性更大，使项目无法如期启动。以上这些都是广义上的商业模式设计成本。同时，经常被忽视的成本还包括选择最合适的供应商或供应商组合所需的大量成本（因为长期使用数字体验技术通常需要外部第三方的专业知识）。根据我的经验，许可证成本和使用成本相对透明与可预测，而来自供应商、员工增加、特定领域专家和顾问的实施和推广成本往往难以预测。我曾见过许多企业一开始为选到价格最低的解决方案而狂喜，最终却发现该方案使自己掉入一个深不见底的大坑——在项目推进过程中，供应商提出的变更请求将预算推高到一个没有人可预料到的离谱程度。请记住这句俗语："如果你买得便宜，通常就得买两次。"因此，无论如何，建议你为此预留一笔实质性的风险对冲备用金。在系统成功上线后，你还需要考虑以下成本：

- 关键招聘和培训成本
- 入职成本，以替换你在转型之旅早期必须入职的不可或缺的外部人员，他们都是稀缺且拿高薪的全职专家级员工（无论是用于实施新系统还是用于补充旧系统运维人员，因为你当前的正常业务不能受到影响）
- 留住已经入职的技术人员、开发人员和架构师的成本
- 让员工能够真正了解并使用数字体验新技术、新流程，培养员工的创新能力，以实现整体战略目标的变革管理成本

所有这些与劳动力相关的话题，将在后续讲劳动力技能催化剂的部分进一步阐述。

显然，你在规划投资收益时，要把持续运营和维护成本考虑进来。

最后一点，也是往往被严重低估的一点是安全成本。在你的商业案例中，应包括数据安全验证工作和法律法规监管驱动的调整（例如，来自 GDPR）等。

根据数字体验技术的典型特征，我汇总了数字体验技术的一些关键收益加速器和减速器，如表 4-3 所示。

表 4-3　数字体验技术收益驱动力

驱动力	更无形	更有形
加速器	● 支持新产品和服务更有效地追加销售和交叉销售	● 从成熟产品和服务中获得更高的转化率和更低的采购成本 ● 更好地留住那些流失风险较高的价值客户 ● 针对低利润贡献或负利润贡献的客户，采用精准的淘汰策略或基于价值的转移策略
减速器	● 项目前期、可行性研发成本 ● 供应商或供应商组合选择成本 ● 招聘、培训和入职成本 ● 变革管理成本 ● 面向熟练的老用户、开发人员和架构师的留任成本 ● 技术部署和推广成本 ● 员工扩大、专题领域专家、实施顾问、人员补位的成本 ● 网络安全和数据安全成本，如数据安全验证工作和法律法规监管驱动的调整 ● 风险对冲备用金	● 许可证和使用成本 ● 持续运营和维护成本

智能自动化技术

数字技术能力的第三个催化剂——智能自动化技术，与其说是一种单一的技术，不如说是一组技术。"机器学习（ML）、神经网络、机器人流程自动化（RPA）、机器人、自然语言处理（NLP）等技术，以及更广泛的领域……（比如，AI）……可以帮助人们分析日益增长的数据，这些数据的规模和复杂度并不是人类大脑和传统分析技术所能驾驭的"（Briggs，2019）。

在实践中，智能自动化技术已经能够融入多个应用场景：财务和采购场景中的自动化签约和索赔处理，客户服务和人力资源/招聘场景中的虚拟聊天机器人和语音机器人，由物联网（IoT）数据支持的预测性售后维保，因果机器学习在客户体验影响分析中的应用，人工智能驱动下的供应链管理和网络安全管理中的大规模异常模式识别，等等。

人们引入智能自动化技术解决方案的原因通常是显而易见的。然而，现实企业经营管理中的例子表明，过度宣传项目智能自动化技术在试点阶段的财务影响（在初步概念验证后）及在企业范围内可快速扩展的能力，就是以偏概全了。我曾见过许多智能自动化技术部署项目，项目组为了实现最初承诺的财务"硬性"目标而苦苦挣扎，最终却以达成"软性"目标而草草结束，而且这个"软性"目标的达成以延迟的交付时间点和受限的影响规模为代价。

智能自动化技术收益的加速器

我很少看到智能自动化解决方案导致全面裁员的案例。从员工角度来看，最令人恐惧的变革收益之一是在工作流程中增加"智能机器人"。尽管也出现过数百个岗位被裁减的个别案例，但在大多数情况下，智能自动化解决方案的真实状态（特别是 RPA），更像是将部分员工的工作量裁决权归还给业务部门管理者，而不是简单地统计业务部门应该保留多少名全职员工。智能自动化技术旨在将员工从烦琐的、低效的、在大多数情况下无聊的、不太令人满意的任务中解放出来。在那些业务快速增长的公司，智能自动化解决方案能够做到在不显著增加员工数量的前提下承担隐含的额外工作量。这种效能提升是由自动化对合规性或风险检测通过 / 不通过的数据、净推荐值、流程速度、问题首次解决率等方式产生的间接影响所驱动的。然而，为了达到用人成本的最优化，流程不能仅仅被新的智能自动化工具所接管，而应被视为公司整体数字化转型工作的一部分，进而被重新设计。智能自动化解决方案可以作为自动化领域的一个新型助推器，也可以作为一种"现代"驱动器，重启之前一度陷入僵局的"流程优化讨论"，还被视为一种"桥梁"技术，以支持全局性流程重新设计。

智能自动化技术收益的减速器

由认知技术（智能自动化技术）驱动的收益的减速器，则更加具体和直接。你必须为 RPA、认知 / 人工智能软件（许可证、支持成本）和相关的辅助解决方案预留出财务预算，支付必要的硬件或云托管成本，并计划投入大量的时间和资金用于招聘、培训、在职学习、变革管理和提高效率，直到与其他工作流程的协同整合得到充分验证为止。假设在早期，你公司内部缺乏认知 / 人工智能专业知识，你还将为引入外部专业知识而支付高额成本：提高对关键成功过程的意识和挖掘（可能是引入相关的软件带来额外成本），找到具有认同度和扩展潜力的合适试点流程、流程细节分析和文档化、平台实施和配置，上线 / 超级关怀，以及持续的维护和支持。

根据智能自动化技术的典型特征，我对其关键的收益加速器和减速器进行了分类，如表 4-4 所示。

表 4-4　智能自动化技术收益驱动力

驱动力	更无形	更有形
加速器	• 自动化对合规性或风险检测通过 / 不通过的数据、净推荐值、流程速度、问题首次解决率等多方面的影响	• 回馈给业务的人员能力 • 减少一些全职人员的数量
减速器	• RPA/ 认知 /AI 软件（许可证、支持的成本）和插件（OCR 等） • 硬件和 / 或云主机成本 • 招聘、培训、在职学习，以及变革管理成本 • 产能提升伴生的低效成本 • 用于提升内部意识、过程观察和挖掘、细节分析和记录的外部专家成本	• 实施和配置、上线 / 技术支持、持续维护和支持的成本

分析技术

你一旦克服了先前存在的经济障碍（Rodriguez-Ramos，2018），即之前讨论的具有卓越计算能力的云计算技术（Brynjolfsson & McAfee，2014）、集中化存储和规模化分析信息的可能性，利用不断增长的大数据持续生成数据（Rogers，2016）就是创造价值的下一个水到渠成之举。一旦数字体验平台为你提供你所需的数据，你就可以利用大数据、结构化数据和暗数据，在公司内外部使用分析技术（包括分析引擎、算法和

IT 基础设施）。在理想情况下，你还可以结合认知技术，为企业提供催化作用，以便规模化预测结果，并推荐相应的价值创造行动。

分析技术收益的加速器

不幸的是，直到最近，"大多数数据分析工作都在为完成一项基础任务而努力——回顾过去究竟发生了什么事情。只有少数领先的人在探索如何实时查看当前正在发生什么事情"（Briggs，2019）。尽管如此，许多分析专家认为，数据分析应该是未来任何成功的数字化转型的关键基石。他们对每年大幅增加数据分析的预算没有任何犹豫，但当他们面临质疑时，他们也会感到困惑，因为数据分析技术所带来的收益其实并不容易向业务部门解释和展示。那些成功的数据分析平台和数据分析团队的价值十分明确：通过数据分析，企业可以更好地确定要获取和留住哪些客户以获得最佳价值，以及如何更好地向他们进行交叉销售和追加销售。此外，除了使用基本的数据指标做出决策，你还可以改进营销归类和媒体组合建模的有效性，从而优化广告支出。数据分析还可以让你更好地理解数据之间的关联关系。在最好的情况下，你可以在计划和结果之间建立因果关系（或近似因果关系）。最重要的是，你还可以借助数据分析更快地完成任务。结合认知／人工智能催化剂，你可以更快地采取行动，而无须像以前那样进行手动分析。速度方面的收益是可以衡量和展示的，比如开发和部署报告的时间节约和费用减少，以及更快的性能分析带来的长期收入增长和费用减少，业务流程简化和新的增长机会的发现，等等。

分析技术收益的减速器

除了重视分析技术收益的加速器，分析技术收益的减速器也不容忽视。你必须规划分析技术的软件成本（许可证、支持成本）、必要的硬件或云主机成本，并预计投入大量的时间和资金用于招聘、培训、在职学习、变革管理和提高效率，直到与其他工作流程的协同整合得到充分验证。假设在早期，你的企业内部还不具备相关的数据分析专业知识，你就需要为引入外部专业知识支付成本——这些专业知识包括但不限于提高内部的认知，找到具有购买力和可扩展潜力的合适案例、过程细节分析和文档化，平台实施和配置，上线/高度关注，以及持续维护和支持。

最后，你不应忘记隐含的安全成本，包括数据安全验证工作和法律法规监管驱动的调整（例如，来自 GDPR）。

根据分析技术的典型特征，我对分析技术收益的一些关键加速器和减速器进行了分类，如表 4-5 所示。

表 4-5　分析技术收益驱动力

驱动力	更无形	更有形
加速器	● 更精准地定位获取哪些客户并保持最佳价值，以及如何向他们进行交叉销售和追加销售 ● 提高营销有效性的归类能力，让媒体投放组合更精准、合理 ● 更好地理解计划行动和结果之间的相关性，最好是能找到它们之间的近似因果关系	● 利用数据更快地完成工作（例如，报告）

驱动力	更无形	更有形
减速器	● 招聘、培训、在职学习、变革管理成本 ● 产能提升伴生的低效成本 ● 用于提升内部意识、过程观察和挖掘、细节分析和记录的外部专家成本 ● 安全成本 ● 风险对冲备用金	● 分析软件（许可证、支持成本） ● 实施和配置、上线/技术支持、持续维护和支持的成本 ● 硬件和/或云主机成本

网络安全（数据安全）技术

本书所提到的所有数字技术催化剂，都伴随着巨大的安全风险。网络安全攻击、众多利益相关者的监管数据安全和隐私边界，在企业数字化转型中具有越来越大的影响，"网络犯罪给全球组织带来的损失，估计每年达到 6 万亿美元，云迁移增加了网络安全风险"（Golden & Kunchala，2021；Morgan，2020）。由于无处不在的安全威胁，或者至少是隐含或明示的业务限制因素和推动因素，网络安全（数据安全）技术成为自身的催化剂。"公司在起步之初，就开始突破安全功能的界限，并塑造了公司的风险偏好。未来，网络安全将为宏观平台的每个组成部分提供支撑，并将被整合到……组织数字化……议程的方方面面"（Briggs，2019）。换句话说，如果企业没有从一开始就融入网络安全要素，任何数字化转型都将无法长期进行，更不用说持续创造价值。

因此，虽然防止攻击者和加强客户数据安全和隐私保护的风险缓解措施不能单独成为业务目标，但它们仍然是数字化转型成功与否的关键因素。在这个黑客攻击、数据盗窃、数据侵权频发的时代里，保证服务的完整性、保密性和可用性不再只是技术要求，而是任何（数字）业务转型计划的首要任务。

当你预计遭受攻击的次数和潜在的数据安全和隐私侵犯行为的数量将随着计划迁移的云平台和工作负载的数量增长而呈指数级增长时，你就会对此有更深刻的体会。在这个让你直接受到影响的复杂世界中，对网络安全（数据安全）技术收益的加速器和减速器做出准确估计，将是一项关键而极具挑战性的任务。

网络安全（数据安全）技术收益的加速器

将网络安全（数据安全）技术作为数字化转型收益的加速器进行评估，总体来说是比较抽象的。确保网络安全（数据安全）旨在维护客户信任，并确保组织最重要的资产之一——"数据"的安全性。因此，除了启用新的商业模式、进入新的市场和加强价值主张之外，首要的一点（也是最重要的一点）是防止损失。当你投资于安全性时，你的目标是降低对你的资产造成威胁的风险。安全性投资的收益，是通过估计你由于这笔投资而规避了多少损失的方式来计算的。这也就需要估计如果没有进行这笔投资，将会有多严重的损失。不幸的是，适当的估算方法需要可复制的过程和收集正确的信息才能让他人接受。在许多公司，人们所期望的基准线是不存在的，因为每家企业的安全情况都不同。通常情况下，必要的临时信息收集行动，会降低人们对你所提出的建议的接受度，甚至你还没开口就会感到很难说服对方。

当然，要获得一个相对准确的估算值，并不缺乏方法（ENISA，2012）。网络安全（数据安全）技术有一个直观的想法，即近似计算某一事件可能造成的损失，即用单一损失预期（single loss expectancy，

SLE）乘以事件年度发生率（annualized risk of occurrence，ARO），从而得出年度损失预期（annual loss expectancy，ALE）。无论你采取什么措施，都要从中扣减你本应获得的收益。显然，与前面讨论的数字化转型收益的加速器相比，这些收益的性质有很大不同。第一个关键问题是：避免了哪些损失？这些损失包括不符合法律法规监管要求（例如，在金融服务中保护许可证）的影响，违反数据隐私保护的相关处罚（GDPR），以及董事会成员的相关个人责任。此外，必须考虑信任缺失的损失，无论这种损失来自客户群还是合作伙伴（比如，万一竞争对手可以看到这些关键业务信息），或者私有数据（比如财务状况）是否适合公开。还有，不要忽略一些显而易见的损失（比如，数据盗窃和勒索、关键系统故障等造成的损失）。在任何情况下，年度发生率（ARO）都是很难估计的，在不同的环境中得出的估算值可能差异很大。这些近似值是多少，往往受到我们对风险的感知的影响。因此，用于计算可持续投资回报率（return on sustainability investments，ROSI）的统计数据的准确性就变得至关重要。但是，挑战恰恰在这里，由于很多公司通常不愿意对外公开自身的安全事件数据，因此你很难找到关于安全事件的发生率的准确数据。

网络安全（数据安全）技术收益的减速器

在所有的技术要素中，网络安全（数据安全）技术所需解决方案和服务的成本相对容易被预测。这些成本可以根据资产类别进行如下划分。

第一，专用硬件成本。其主要用途是与 IT 安全相关的，包括防火墙、安全网关、安全设备、安全工具平台和身份令牌（ID tokens）。

第二，软件成本。比如年度许可证和维护费用，以及与购买和升级所有专门用于运营或管理不同安全类别的安全应用程序的成本。

第三，硬件设施相关成本。比如用于安全功能和人员的空间托管 / 设施 / 占用费用，托管安全相关的设备、存储阵列和分摊数据中心的年度设备费用（比如电源、散热管理和高架地板）。此外，硬件设施相关成本还包括与安全活动相关的所有消耗品的年度成本。

第四，支付给第三方或外包方的费用。这类费用主要包括用于现场提供的安全管理或监控安全设备、系统或流程服务所产生的费用。

第五，管理服务提供商（managed service providers，MSP）/ 云的成本。作为基于远程订阅的安全设备（比如防火墙、入侵检测和预防功能）的监控和 / 或管理，通过基于客户场所或基于网络的设备，可能成为数字化转型的关键减速器。管理服务还包括远程提供的专业管理安全服务，比如威胁情报、安全信息和事件管理 / 安全运营（SIEM/SOC）中心、分布式拒绝服务攻击（DDoS）等，以及基于云的身份识别服务（IDaaS）。

第六，咨询服务费。这是指聘请外部咨询顾问帮助企业分析和提升业务运营 / 技术战略效率所需的费用。

第七，IT 安全人员（其职责和义务主要集中体现在信息安全活动中）成本。这包括所有的全职、兼职和临时全职等效资源（full-time equivalent resources，FTE）。IT 安全人员为整个安全职能提供支持。

根据网络安全（数据安全）技术的典型特征，我对网络安全（数据安全）技术收益的关键加速器和减速器进行了分类，如表 4-6 所示。

表 4-6　网络安全（数据安全）技术收益驱动力

驱动力	更无形	更有形
加速器	<ul><li>防止在安全事件发生后失去客户群的信任</li><li>新业务模型的安全启用</li></ul>	<ul><li>避免因为不遵守法规、违反数据隐私（GDPR），董事会相关成员承担个人责任的罚款</li></ul>
减速器	<ul><li>安全咨询服务成本</li><li>风险对冲备用金</li></ul>	<ul><li>专用硬件成本（防火墙、安全网关、安全设备、安全工具平台和身份令牌）</li><li>软件成本（购买、年度许可证和维护费）</li><li>在数据中心托管安全相关设备、存储阵列和设备的年度成本</li><li>外包费用（用于管理或监控安全设备、系统或流程）</li><li>管理服务提供商</li><li>IT 安全人员成本</li></ul>

数字现实技术

　　数字技术能力中的第六个催化剂——数字现实技术，与其说是一种技术，不如说是一组技术。早在元宇宙成为热门话题之前，基于移动网络和固定网络基础设施的有重大进步的沉浸式甚至可植入（Schwab，2017）技术，比如增强现实（AR）、虚拟现实（VR）、混合现实（MR）和物联网（IoT），就被预测将"重新定义人类与数据、技术和彼此之间的交互方式"（Briggs，2019）。数字现实技术与会话界面、计算机视觉（Schwab，2017）和元宇宙等创新概念（Foutty & Bechtel，2022）齐头并进。

　　发展数字现实技术的最终目的是取代已建立的人机交互界面，促进市场营销、活动 / 会议管理、现场服务，以及产品和位置的沉浸式可视化等场景的创新。谈到数字现实技术，无论场景案例是什么，其收益声明总是比较抽象的——这些技术将产生新的收入来源，提升生产力或安全性。然而，当你展开深入研究时，在大多数使用案例中，潜在的数字化转型加速器和减速器的问题恰恰就在于此——人们很难具体确定数字现实技术的收益和成本。

数字现实技术收益的加速器

不幸的是，数字现实技术要想具有现实意义，首先需要具备大规模的硬件用户这一基础条件。如果数字现实技术的硬件覆盖面不广，则没有太大意义。你不仅需要大量用户，而且需要他们经常使用相关硬件设备，才能收回前期在这些硬件设备上的投资。很明显，数字现实技术尤其适用于培训场景（节省差旅费用和培训场地成本，形成更陡峭的学习曲线等），对于现场服务场景（降低培训费用，和特定领域的专家远程连线等）来说，使用数字现实技术也很合适。在销售和营销工作场景使用数字现实技术，则需要达到一定的客户采用率。但从客户体验的角度来看，即使客户采用率不高，使用数字现实技术仍有一定的价值。

数字现实技术收益的减速器

除了为在所选场景的员工中实现充分的渗透所需采购（购买或作为服务）的必要硬件和软件平台，创建大规模的数字现实场景还需要在内容创建方面进行特定的初始投资。最初这些内容可能来自外部专家，但内容达到一定规模后，则需要建立内部的内容资源库（内容来自内部专家）。即使在今天，内容建设对于数字现实技术来说也是高成本的。

数字现实技术收益的减速器还包括策略设计，然后是选择最合适的供应商或供应商组合的大量成本——这是根据之前制定的战略，公司需要付出的许可证成本和使用成本，以及通常难以规划的供应商、员工增加、领域专家和顾问方面的弹性成本。与其他任何创新项目一样，你应该为此预留一笔金额足够大的风险对冲备用金。

使用数字现实技术后，对你实现收益目标起进一步延缓作用的还有以下一些成本：招聘成本和培训成本，涉及用内部专业人员取代薪酬高昂的外部专家，为已经在岗的熟练用户、开发人员和架构师提供留任方案；更广泛的组织变革管理成本，以促进员工实际理解和使用符合组织整体战略目标的新技术、新流程，培养他们的创新能力；持续的许可证费用、运营费用和维护费用。显然，你在规划投资收益时，需要把这些成本考虑进去。

最后需要注意的是潜在的安全成本，但直到今天我们都没有全面评估过它。你的商业案例中需要包含数据安全验证工作和法律法规监管驱动的调整（例如来自 GDPR）所带来的成本。

为了便于你与日常业务对照，根据数字现实技术的典型特征，我对一些关键的收益加速器和减速器进行了分类，如表 4-7 所示。

表 4-7　数字现实技术收益驱动力

驱动力	更无形	更有形
加速器	<ul><li>更陡峭的学习曲线</li><li>与特定主题的专家远程连线</li><li>具有营销和销售潜力的全新沉浸式虚拟市场</li></ul>	<ul><li>节省培训和会议的差旅费与场地费</li></ul>

驱动力	更无形	更有形
减速器	<ul><li>策略设计成本</li><li>用例选择成本</li><li>供应商或供应商组合选择成本</li><li>内容制作成本</li><li>招聘和培训成本</li><li>变革管理成本</li><li>持续调整的成本（版本发布、技能、法规要求）</li><li>安全成本</li><li>风险对冲备用金</li></ul>	<ul><li>硬件和平台成本</li><li>持续的许可证、使用、运营和维护成本</li><li>外部咨询成本</li></ul>

区块链 / 分布式账本技术

最初，区块链和其他（仍然）不太知名的分布式账本技术（distributed ledger technologies，DLT）被称为加密货币的底层技术（Rodriguez-Ramos，2018）。它们作为供应侧技术催化剂或反应位移（catalysts orshifts）（Schwab，2017），在越来越多的商业往来中发挥建立信任关系的作用，其影响力超过媒体头条新闻的报道（Walker & Hansen，2021）。区块链 / 分布式账本技术是"一种具有深远颠覆性的技术，不仅改变了商业，也改变了人类互动的方式……随着对技术瓶颈和政策限制的突破，我们可能会在未来几年看到对网关、集成层和通用标准的突破"（Briggs，2019）。简单来说，区块链技术可以实现在多个实体之间建立一个更加安全的信息共享载体，确认单一的真实信源作为多方信任的资源。因此，它可以取代某个有偏见的信息所有者的孤立数据存储，而且从设计原理上看，它在抵御外部安全威胁方面表现得更好。

面对区块链技术的火爆现象，战略专家和技术专家有两种截然不同的观点。他们要么将其视为一种被过度炒作的现象，要么将其视为一种潜在的战略级解决方案，用来应对高度互联的生态系统（例如供应链）中跨越多个实体的业务挑战。在其他技术还没取得成功的情况下，区块链技术提供了一种新的方案。他们往往对同一个区块链技术用例的正反面进行深入研究。在许多场景中，区块链技术越来越受欢迎：自治数据和数字身份认证、可信的第三方数据共享、捐赠资助、公司间会计、供应链透明度、客户和粉丝参与、创作者货币化等（Buchholz & Briggs，2022）。

他们常常忽略企业领导者真正关心的核心问题：区块链技术何时才能产生大规模的商业收益？企业领导者希望从对商业有意义的较长时间范畴中去审视区块链技术，因此他们关注的既不是小规模的试点项目，也不是某个商业问题。使事情变得更加具有挑战性的是，区块链技术与其他技术的实施有很多共同点，但它额外具有一种不寻常的复杂性。区块链技术旨在服务生态系统，不是所有参与者都在它的直接影响范围之内。因此，预测区块链技术的潜在收益是一项很大的挑战。区块链技术收益的加速器通常是无形的（例如，实时反映严重的供应链问题），而且往往是长期的，但区块链技术收益的减速器却是实际摆在面前的，而且短期内需要支出成本。

区块链／分布式账本技术收益的加速器

信任是区块链技术在生态系统中的第一个优势。一旦该技术通过算法取代了以往合作伙伴之间基于人际关系形成的信任概念，你的企业就有望从原本难以达成的交易中获得新的收入。第二个优势是区块链具有不可更改记录（即不可篡改特性）的特点，这些记录经过强大的加密功能处理后被存储在计算机网络中，很难被篡改。毫无疑问，这两点都很难转化为具体的收益。更容易估算的是提高流程效率、简化报告和审计流程对组织成本的影响。区块链技术可以通过移除第三方供应商来帮助企业降低成本。此外，通过自动化交易流程，区块链技术可以以更具有可追溯性、更快的方式完成交易——这也应该被视为区块链／分布式账本技术收益的加速器。

区块链／分布式账本技术收益的减速器

获得上述抽象收益是需要付出代价的。区块链技术的实施也会产生一系列更为具体的成本。这些成本包括选择区块链场景、寻找合作伙伴、签订合同、根据之前选择的应用程序选择最合适的供应商或供应商组合的成本——这些成本对于增强生态系统（或联盟）的后期可扩展性至关重要。大多数时候，你所在公司内部对区块链技术往往只有很少的专业知识储备（如果有的话），因此你还必须考虑通过传统咨询项目或雇用（临时）专家培养所需能力的成本。与本章讨论的所有其他技术一样，区块链技术的使用可能会让你在技术上领先竞争对手一步，但不幸的是，要想生成所需的可伸缩性，以使区块链有意义，必要的支出并不止于此。你的收益将进一步放缓，因为经常需要招聘和培训一些对项目成功起着关键作用的人才，以取代早期高薪雇用的外部专家。此外，你还需支付高薪的全职区块链专家级员工、熟练用户、开发人员和架构师的留任成本，以及更广泛的组织变革管理成本，以便整个组织真正欣赏并使用新技术、新流程，培养员工的创新能力，以匹配你的整体战略目标。

你在规划区块链技术收益时还要考虑持续的许可证（如果你不使用开源堆栈）、托管、运营和维护成本。区块链不是付出一次性努力就可以实现的，而是一个持续的、具有潜在的适应性的过程（新版本、新技能、监管要求）。虽然加速器方面的安全成本效益在本章前面已经讨论过，但区块链技术的大规模实施也可能像任何其他技术的实施一样，带来安全成本影响。这一点也不应被低估。因此，你需要预留一笔风险对冲备用金，应对数据安全验证工作，以及法律法规监管驱动的调整（例如 GDPR）。

根据区块链技术的典型特征，我对区块链技术收益的一些关键的加速器和减速器进行了分类，如表 4-8 所示。

表 4-8　区块链技术收益驱动力

驱动力	更无形	更有形
加速器	<ul><li>基于算法的新交易产生的收益，在所有参与方之间建立信任关系</li><li>通过强大的加密和存储技术，实现在计算机网络上的数据流转过程不可篡改性，从而提高安全性</li></ul>	<ul><li>由于流程高效、易于报告、可追溯性和流程审计的简化而节约成本</li><li>由于移除第三方供应商带来的成本节约</li></ul>
减速器	<ul><li>区块链用例选择成本、寻找合作伙伴的成本、签约成本</li><li>取代昂贵的外部人员所需的招聘成本和培训成本</li><li>变革管理成本</li><li>与任何其他技术一样的安全成本</li></ul>	<ul><li>通过传统的咨询项目或通过雇用（临时）特定领域专家的成本</li><li>持续许可证（如果不是开源代码）、托管、运营和维护成本</li></ul>

长尾技术

在数字化转型时代，寻找新的技术趋势和这些趋势背后的机会变得至关重要。这就引出了一个问题：接下来会发生什么？除了更长期的愿景之外，你还有很多资源可以用来构建你的中期观点——已被证实或尚未被证实。我通常基于技术趋势来开展工作（Buchholz & Briggs，2022），这些技术趋势是我的同事在过去几年发现的。我将在以下几个小节简要介绍未来几年将出现的几项长尾技术。

长尾技术 1：下一代基础设施技术

你可能会说，光纤、5G/6G 网络、物联网等智能基础设施今天就已经存在，因此它们不应该被视为未来的前景技术。以上这些技术的大规模融合还需要相当长的一段时间。因此，我相信任何一家有正式数字化转型计划的公司，都必须认真考虑下一代基础设施技术。

长尾技术 2：量子技术

量子技术有望成为计算、传感和通信等主要领域的革命性技术。量子计算通过利用量子现象，能够以前所未有的速度处理信息，解决高难度问题。量子通信则应用量子力学原理，创建出能够检测任何篡改行为的超安全通信网络。在传感领域，量子传感设备有望比传统传感器精确得多，并在许多产业都将有广阔的应用前景。

长尾技术 3：幂次智能

下一代人工智能的目标是更好地理解人类的情绪和意图。这一点已经被证明是有可能的。例如，人工智能可被用于在客户服务中识别客户情绪，并在客户愤怒的情境下，将相应的客户转接到在冲突处理方面训练有素的人工客服那里。最重要的是，"很快，这些技术将能够查看统计相关性，并像人类大脑一样确定它是有意义还是没有任何意义的随机特性"（Buchholz & Briggs，2022）。

长尾技术 4：环境计算

环境计算将使新技术在我们所有人的生活中无处不在。拥有大量传感器、语音识别功能、分析和幂次智能功能的高性能数字助理将能够一整天陪伴着你。"用数字信息增强个人的物理体验，将成为超越智能眼镜的另一个重要维度。学术界和企业实践界都在探索一种可能性：使用智能隐形眼镜甚至植入式脑芯片来增强我们的感官和（字面上的）读懂我们的想法。想一想：为什么不能通过抬头看一看太阳，就判断出距离太阳落山还有几小时呢？"（Buchholz & Briggs，2022）

显然，对于这些带有预测性的未来技术，讨论具体的加速器和减速器是没有意义的。然而，我相信你应该能够从当前已经存在的技术中获得足够的信息，以理解未来当技术真的被应用于现实企业经营管理时，你需要注意什么。

■ ■ ■

供应侧催化剂之二：劳动力技能

最近，在讨论数字化转型的同时，人们普遍认识到供应侧的劳动力技能及数字化人才的具体能力的重要性（Kane et al.，2017）。将劳动力技能作为供应侧催化剂，被人们视为数字化转型在较高的数字化成熟度方面取得积极结果的关键因素（Kane et al.，2017）。因此，在逐步处理范围内的进一步转型步骤时，劳动力技能甚至可以成为数字化转型"结果"本身。如稍后解释的那样，任何"敏捷式"或"混合式"转型过程（反应机理／反应过程），都需要这些技能组合才能取得成功。对数字化人才的深入分析本身就可以单独出一本书。然而，对于我们当下的讨论，我们可以简单地总结如下：为了在世界经济论坛创始人施瓦布（Schwab）博士所阐述的"第四次工业革命"中取得成功，更高级的认知技能（WorldBank，2018）、系统技能和复杂问题解决技能的重要性，将远远超过身体技能或技术能力的重要性（Schwab，2017）。考虑到"认知算法、机器人流程自动化和预测分析工具"的影响，这一情况更是如此，这些工具可以帮助劳动者"将更多时间花在处理微妙、复杂的状况上，并有机会更直接地解决问题"（Briggs，2019）。因此，读到这里你就应该非常清楚：为什么前面讨论的几乎每一种技术催化剂，在加速器和减速器讨论中都有很强的技能元素。事实上，正确获取技能，可能是目前任何数字化转型中最关键的要素之一，劳动力技能将是所有数字化转型商业案例的重要驱动力。

劳动力技能收益的加速器

首先，技能熟练的劳动力拥有更灵活、更快地应用新工作方式的能力，这可以缩短新产品上市时间，改善客户体验，对收入产生潜在的积极影响。其次，企业可以基于以往未充分利用的创造力资源，获得差异化优势。再次，在理想化的数字化技能团队中，管理费用可能会减少。

最后，更灵活的工作方式可以更容易地与企业外部的技能进行融合，也就是说，在更广泛的生态系统中整合可以进一步降低企业的固定成本。

劳动力技能收益的减速器

更熟练的劳动力技能在带来好处的同时，也需要企业付出一定的代价。企业需要投资建立端到端的新工作方式，以避免缺乏技能的单位（可能是敏捷业务团队中的 IT 部门，也可能是 DevOps 技能开发团队中的业务团队）受到加速器浪潮冲击，从而失去其全部力量。由于采取新的治理方式和激发全面文化变革火花通常发生在组织规模不够大的情景下，因此企业通常需要雇用外部的敏捷变革教练，并在相当长的一段时间内以高昂的成本留住他们，直到实现端到端的过渡。在这一过渡时期，管理层对正在发生的事情的控制力可能会下降——这是一个大风险，尤其是当这种情况与大规模的技术实施计划同时发生的时候。毫无疑问，鉴于上述能力的稀缺性，企业必须考虑额外的留任成本和更高的工资，因为业界对这类人才的竞争非常激烈，熟练员工的忠诚度也在下降。尤其是当他们大多在纯数字化环境中工作时，他们对公司品牌或团队的归属感明显下降——更不用说他们对上司的忠诚度了。本书第五章在讨论"劳动力期望"这一需求侧催化剂时，将更详细地解释这一点及其加速器和减速器。

根据劳动力技能的典型特征，我对劳动力技能收益的一些关键加速器和减速器进行了分类，如表 4-9 所示。

表 4-9　劳动力技能收益驱动力

驱动力	更无形	更有形
加速器	<ul><li>更快的产品上市速度 / 更短的产品上市时间</li><li>更大的创造力</li><li>更少的开销</li></ul>	<ul><li>更容易整合的生态系统，更少的固定劳动力成本</li></ul>
减速器	<ul><li>建立新的端到端工作方式的外部费用（教练、顾问）</li><li>文化变革管理成本</li><li>失去控制 / 建立新型治理模式的成本</li></ul>	<ul><li>更高的薪水</li><li>增加的留任成本</li></ul>

■　■　■

供应侧催化剂之三：融资能力

毫无疑问，如果没有"大量资金"（Andal-Ancion et al.，2003）及新的融资和治理机制（Rodriguez-Ramos，2018）为发展提供燃料，那么在数字化转型的背景下，许多发展目标将不可能实现。因此，充足的融资来源和新的融资渠道（例如通过区块链或众筹）是任何重大数字化转型的又一个关键催化剂。新的融资方式将大大减少初创企业的融资障碍（Gale & Aarons，2017）。

对于本书所涉及的成熟企业进行数字化转型来说，充足的资金同样重要。不同之处在于，像首次代币发行（initial coin offerings，ICO）这样的颠覆性融资机制作为"数字治理"的一种新形式（Rodriguez-Ramos，2018）的炒作，在大公司数字化投资和治理中仍然扮演着较小的角色。特斯拉公司对比特币的投资等引起广泛讨论的例子仍然远远超出了常态。在更成熟的公司中，进行数字化创新和转型所需的资金通常是通过风险投资机制（Benson & Ziedonis，2009；Keil et al.，2009）来提供的，这些机制建立在"企业创业催化效应"之上（Yunis et al.，2018），或者通过与生态系统中的其他公司或其他金融机构合作建立合资企业（例如投资激进的光纤基础设施部署）来实现。对于更大规模的数字化转型，这种机制与在运营层面和正常的企业规划周期中控制投资资本的使用所带来的日常挑战是相辅相成的（Baumöl，2016；Schönbohm & Egle，2017）。

虽然融资能力收益的加速器和减速器通常难以量化，但它仍然是所有数字化转型的重要催化剂。

融资能力收益的加速器

不断涌现的新的资金来源，开辟了新的融资渠道。出于某种原因，各种融资或合作实体希望将这些融资工具推向市场，或在某个细分市场中站稳脚跟，因此这些来源的资金可能在获取成本上比来自传统融资渠道的 资金更低（例如，混合可持续性债券，或合资企业投资，以产生额外的资金来源，提高融资成本）。这种融资成本的降低可以被量化，因此被视为加速器。同时，构建新的融资结构，允许企业在新的投资组合中形成不同的风险偏好，这在更具颠覆性的数字化转型过程中可能有利。

融资能力收益的减速器

不幸的是，新的融资机制并非没有风险。除了与比特币相关的工具有明显波动外，任何合作伙伴关系和新的资本来源都可能导致合作伙伴之间关于收益预期的落差。根据我的经验，这会大大增加公司治理的隐性成本，因为你必须付出大量努力来保证股东的利益——但在一定程度上，也是确保利益相关者的目标与公司最初的战略和财务目标保持一致。当新的资金来源集中在公司核心业务以外的业务（即前文提到的相邻业务或边缘业务）时，上述落差将更加明显，因为这些实验更容易在新的公司结构和不寻常的资本结构与盈利模式中实施。这可能对核心业务（即公司的传统业务）获取收益带来障碍。

　　根据融资能力收益的典型特征，我将一些关键的加速器和减速器进行分组，如表 4-10 所示。

表 4-10　融资能力收益驱动力

驱动力	更无形	更有形
加速器	● 新的融资来源 ● 允许融资组合中较高的风险偏好	● 更低的融资成本
减速器	● 更高的治理成本 ● 核心业务的障碍可能会增加	● 风险增加

第五章

需求侧的转型催化剂：
客户与员工的变化

在需求侧，3 种催化剂可能会影响你的数字化转型，它们分别是：

- 客户需求
- 劳动力期望
- 消费模式

请记住，除了以上 3 种催化剂，你还需要注意一个产生广泛影响的因素：模糊的行业界限。

■ ■ ■

需求侧催化剂之一：客户需求

当我们观察推动企业数字化转型的那些公开可见的催化剂时，我们会发现，无论是在企业对消费者（B2C）还是在企业对企业（B2B）方面，需求侧都发生了明显变化（Schwab，2017）。然而，需求侧的 3 种催化剂（客户需求、劳动力期望和消费模式）从来都不是孤立的——它们与供应侧的 3 种催化剂（数字技术能力、劳动力技能和融资能力）密切相关，甚至就是由供应侧催化剂提供的。

需求侧的客户需求正在发生变化。

在 B2C 方面，新的消费群体正在重塑客户的期望（Gale & Aarons，2017；Osmundsen et al.，2018），曾经成功的市场细分方法不再适用（Schwab，2017）。在一个越来越个性化的世界中，使用过于笼统的市场细分方法从来都不是明智之举。新的消费群体（之前是"Y 世代"，现在则是所谓的"Z 世代"）通常被描述为数字原住民，他们在数字化的世界中长大（Gale & Aarons，2017），如今正在引领新的消费趋势（Raskino & Waller，2015）。他们习惯了使用不同的在线社交平台，并习惯了根据其需求定制产品或服务的商业交易模式（Westerman et al.，2014）。在线访问"越来越多的信息，让任何市场的竞争环境迅速走向均衡"（Gale & Aarons，2017）；这种信息的丰富性（Bharadwaj et al.，2013），也让商家更加了解消费者画像，可以极大地降低商家寻找新客户的成本，同时降低商家的交易合同风险（Andal-Ancion et al.，2003）。

总体而言，过去 10 年间，B2C 领域的客户的期望值大幅提高（Fitzgerald et al.，2013；Westerman et al.，2014）。在数字技术的强力推动下（Gimpel，2015），客户的期望发生了转变（Fitzgerald et al.，2013；Westerman et al.，2014）他们从大众市场细分的关注者转变为动态交易网络的强有力影响者（Rogers，2016）。客户所信任的企业往往具有数字原生企业的特征，比如具有较强的数字交互能力或所谓的"电子交付能力"（Andal-Ancion et al.，2003）。对他们来说，这可以提供完全透明的、无缝的全渠道体验。此外，新一代客户群体通常认为他们对共享资产所有权有不同于以往的新看法，特别是城市的共享资产（Schwab，2017），其中共享出行（Rodriguez-Ramos，2018）是最常被提及的例子。这也影响了新一代客户群体的消费模式，本章将就此进行详细讨论。无论如何，客户对企业的长期忠诚度将面临新的挑战，"总的来说，千禧一代和 Z 世代更愿意光顾和支持与他们的价值观一致的企业；他们中的许多人表示，当他们不认同该企业的商业行为、价值观或政治倾向时，他们会毫不犹豫地减少或终止交易关系"（Deloitte，2019）。客户可以自由选择服务商，而且可以随时、随地切换服务（Schwab，2017）。这给商家带来了巨大的压力，逼迫商家不仅要调整面向客户的前端体验，还要调整所有受影响的运营环节。

在 B2B 场景，后端运营环节的调整幅度将变得更大。行业界限和企业界限的模糊化（Raskino & Waller，2015）、数字供应链的最大透明度及即时处理交易的方式（Schwab，2017）给企业带来了巨大的压力。企业需要将垂直集成模式调整为 B2B2C 模式，以避免"危及多年来成功的第三方分销模式"的利益（Westerman et al.，2014）。

"客户需求"作为数字化转型的关键催化剂，有许多加速器，但也有一些减速器，分析如下。

客户需求收益的加速器

如果采用适当的技术解决方案和坚持以客户为中心的理念，那么不断变化的客户行为和更多的数字交互可以显著地降低服务成本，这可能源于所需要的人际互动减少，也可能源于在第四章已经讨论过的供应侧催化剂"数字技术能力"加持下，企业能够以更快的速度解决大多数问题或满足相关需求。与此同时，客户的新期望也可以打开一个机会窗口，以便企业更好地了解他们的需求。客户的使用习惯等具体数据，为企业的交叉销售和追加销售提供参考。企业可以通过正确的技术和流程对这些数据进行分析与利用。因此，企业找到新的收入来源成为可能。

客户需求收益的减速器

面对客户忠诚度的降低，企业必须规划出一笔额外的成本，以确保客户忠诚度保持在与以往相当的水平上。随着品牌黏性的消失，其他留存客户的直接现金支出方案也必须被纳入计划，或者需要大量投资来满足客户的新诉求，以保持客户对品牌的归属感。

根据客户需求的典型特征，我将客户需求催化剂的一些关键收益加速器和减速器进行了分类，如表 5-1 所示。

表 5-1　客户需求收益驱动力

驱动力	更无形	更有形
加速器	● 分享信息的意愿增加，作为交叉销售和追加销售的数据源	● 更低的服务成本
减速器	● 需要有目的的投资	● 更高的留客成本

■ ■ ■

需求侧催化剂之二：劳动力期望

很自然地，消费者人口结构的变化与需求侧劳动力期望的迅速变化密切相关（Deloitte，2018；Kane，2019）。企业需要付出巨大的努力来了解它们的关系并采取行动，以便在未来满足对数字技术熟练劳动力（千禧一代，甚至更年轻的 Z 世代）的需求。社交技能、创造性技能及在不确定性环境下做出决策的能力（Schwab，2017）是最受欢迎的细分能力。企业雇主要想在与"零工经济"的竞争中（Deloitte，2019）争取到熟练劳动力，则需要满足他们与众不同的期望。对于这些细分市场的人才，虽然财务报酬仍然是最重要的因素，但"积极的工作文化""灵活性""持续学习的机会""幸福感"等因素也变得越来越重要（Deloitte，2018）。满足相关条件对于那些希望在未来招聘这一类数字人才的公司来说，是一个重大的挑战（Gale & Aarons，2017；Kane，2019），并为其数字化转型添加了一系列减速因素。当然，你可以通过选择一些加速器来平衡相关的减速因素。

劳动力期望收益的加速器

新型劳动力不仅具有不同的需求结构（比如，对办公空间的需求减少，对团队旅游需求减少），而且能为你的数字化转型提供一些关键的加速器。首先，现在你有额外的杠杆来吸引顶尖人才，有可能以较低的招聘成本吸引顶尖人才。这些顶尖人才以前只能从外部顾问或自由职业者圈子中获得，因为他们很难融入你的正式员工团队。你与这些新型劳动力合作将使你的公司拥有更灵活的劳动力成本结构。他们可以和你一起完成一个关键项目，在一定时期内留在你的身边。当你成功获得他们的信任后，他们则成为你的正式员工团队的一员。

劳动力期望收益的减速器

新型劳动力虽好，但你不能无成本地吸纳他们。你需要投资新的职场规划、更具创意的工作室式办公环境、更年轻的企业文化、先进的数字主题的持续学习计划，并支付当他们加入你的项目或转到不同任务时持续产生的成本。尽管如此，这些新型劳动力仍将是非常稀缺的，所以当你看到要支付的薪资越来越高时，请不要感到惊讶。即使是在今天，具备特殊专业知识的员工也可以从商业角度提出远高于企业原先设定的薪资水平的要求，而且他们总能得到期望薪资，因为市场上总有企业愿意为他们提供这个水平的薪资。

根据其典型特征，我对劳动力期望的一些关键收益加速器和减速器进行了分类，如表 5-2 所示。

表 5-2　劳动力期望收益驱动力

驱动力	更无形	更有形
加速器	● 更灵活的劳动力成本结构	● 降低了数字化人才的咨询成本 ● 更低的办公成本 ● 更低的差旅费
减速器	● 投资于新的职业发展道路、全生命周期的工作模式、更具创意的工作室式办公环境、目标和变革管理活动、更注重技能再培训及针对最先进数字主题的持续学习计划 ● 当这些劳动力加入你的项目或离开你的项目去执行别的任务时，持续发生的入职和离职成本	● 薪酬增加

■ ■ ■

需求侧催化剂之三：消费模式

与前文所述"不断变化的客户需求"和后文即将描述的"模糊的行业界限"紧密交织的一个催化剂——消费模式似乎趋于一致（至少在 TOC 场景中是这样的）。限于篇幅，这里可能无法详细展开分析，但这是值得深入研究的一个重要主题。"广泛采用数字技术使得创新具有多种功能，它们将之前分离的用户体验关联起来""创造融合，因为数字技术正日益融入之前的非数字实体物品，创造了所谓的智能产品和工具"（Youngjin et al.，2012）。这里有一个基本假设：以前不同的消费预算在用户体验驱动的融合产生之后正在发生变化。例如，电信公司、OTT 媒体公司联合提出四合一的用户体验方案。又如，随着共享经济的发展，个人交通预算被重新分配，因为消费者更在乎使用权而非所有权；数字产品和物理产品订阅模式日益被追捧，已达到一个新的临界点（Schwab，2017）。这种转变使企业能够捕捉到传统垂直行业之外的新需求。

出于以上原因，在消费模式上，加速器和减速器更加相关，但几乎不可能被准确估计——对于许多数字化转型工作来说，这仍然至关重要。

消费模式收益的加速器

在加速器方面，只有一种颠覆性的变化可以在你的市场中发生。随着消费模式的趋同，如果处理得当，你可以找到增加市场份额的方法；如果处理得更好，你甚至能在之前无法触及的领域赚钱。

消费模式收益的减速器

不利之处是：随着消费模式的趋同，究竟哪些钱可以赚变得越来越难界定，这意味着你将面临更激烈的竞争。这里所指的竞争不一定只是价格竞争，还可能延展为对那些对你的忠诚度较低、可能属于任何一个广义的细分市场且完全个性化的客户的竞争。很明显，如果不调整营销和销售支出，不获取相关技术能力，而你的竞争对手又在这个领域捷足先登的话，这可能会成为一个对你来说重大的不利因素。

根据消费模式的典型特征，我将一些关键的收益加速器和减速器进行分类，如表 5-3 所示。

表 5-3　消费模式收益驱动力

驱动力	更无形	更有形
加速器	● 提高钱包份额	● 无
减速器	● 由于吸引注意力的竞争加剧而产生的成本（销售、营销和技术成本）	● 无

■ ■ ■

一个产生广泛影响的因素：
无论你是否喜欢，行业壁垒正在瓦解

正如出租车行业的优步（Uber）和酒店行业的爱彼迎（Airbnb）等企业所证明的那样，在上述供应侧和需求侧多种因素的驱动下，数字化转型的一个综合特征是"数字化替代"（Raskino & Waller，2015）所带来的行业界限模糊化（Rogers，2016）：以前独立运行的行业被融合聚集在一起（Youngjin et al.，2012）。"新的竞争对手从一开始就是以数字化的方式在运营"（Gale & Aarons，2017），他们利用一种新的商业模式侵蚀甚至颠覆曾经保护一个行业免受冲击的壁垒。这些新玩家引发了传统行业竞争格局的解体（Schwab，2017），造成了新的竞争威胁，但也使价值链上以往不可想象的伙伴关系成为可能（Rogers，2016）。尤其是对于现有企业来说，这种供需结合的驱动力通常是冒险开展数字化转型的关键催化剂。现有企业将被敦促尽快考虑采用平台模式（Bughin & Catlin，2017），建立新的多边平台，防止其他人进入并控制企业当前的核心业务（Westerman et al.，2014）。基于大多数企业都会发展成为科技企业的现实，之前的行业壁垒就变得不那么适用了（Raskino & Waller，2015）。侵蚀行业壁垒的催化剂包括过去的重资产基础设施、产品和服务被数字化产品替代、企业可以通过新的数字融资渠道获得资金；凭借可复制和品牌化的技术，老牌企业的领先地位很容易被取代——这些老牌企业常常以行业经验非常丰富自居，但这些经验可以被大数据洞察，其客户忠诚度可以被替代，而且这种替代是实时完成的（Raskino & Waller，2015；Westerman et al.，2014）。

这些看似抽象的、几乎不可能被精确地量化的催化剂，可能会对数字化转型产生非常剧烈的加速和减速效应。

行业壁垒收益的加速器

瓦解行业壁垒、攻击行业竞争对手变得更容易。曾经竞争对手保护其资产的方法往往比较简单，而如今因为数字化的出现，竞争对手想要保护其资产将变得更难。

行业壁垒收益的减速器

不幸的是，想切其他行业的蛋糕是需要付出代价的，无论你认为之前的相关进入门槛有多低。切别人的蛋糕，需要你在特定的技能、垂直化专业知识及自制或购买决策方面进行投资。你必须选好你的战场。一个典型的例子是物联网（IoT）和基于 5G 的商业模式。这些很容易被定义，你在个人案例 PPT 中以感性分享的方式谈论物联网（IoT）和基于 5G 的商业模式时可能会很轻松，但将物联网（IoT）和基于 5G 的商业模式落实到真正对某个行业产生影响却是完全不同的事情。如果没有一种精心规划和适当的生态合作思维，那么你最终将投入大量资金，且只能依靠自己完成所有事情，比如产品设计、解决方案销售等。你不能同时攻击太多的其他行业，不能冒险把自己的资源过度分散，也不可能在没有建立明确的战略和计划的情况下赢得新的市场。

根据行业壁垒的典型特征，我对行业壁垒这个具有广泛影响的因素的一些关键加速器和减速器进行了分类，如表 5-4 所示。

表 5-4 行业壁垒的收益驱动力

驱动力	更无形	更有形
加速器	● 新的收入来源	● 无
减速器	● 纵向一体化成本（技能、生态系统建设、销售和营销成本）	● 无

第六章

投资目标：聚焦核心业务的
数字化转型

从迄今为止所有管理实践和学术研究的成果中可以看出，大家普遍认为，公司的核心业务必须是任何大型数字化转型的关键对象。如果不改变核心业务，那么你最终很可能只会用缺乏战略和可持续成功的运营模式来粉饰公司的边缘业务。但是，从投资组合的角度来看，这并不意味着如果有确切的信息表明公司的核心业务将被颠覆到无法挽救的地步，你还要做不必要的坚守。除了规定性的建议外，我认为没有通用结构来进一步分解范围（数字化转型收益框架中的"反应物"），以适应相关性和数字化转型收益加速或减速方面。

为了使数字化转型的这一变革更加具体，我认为将潜在的反应物集中到一个简单的 2×2 矩阵中非常有帮助，如图 6-1 所示。纵轴定义你是关注现有的、增量的还是新的市场和客户；横轴定义你是利用现有的、增量的还是新的产品和资产。根据你在这些方面的表现，你可以对以下 3 类业务进行数字化转型。

- 核心业务，也就是你当前的商业模式和运营的核心（心脏）。

- 相邻业务，仍然与你当前的商业模式和运营密切相关，但增加了增量附加组件。
- 边缘业务，通常是未开发地带，与你目前所做的事情关系不大。

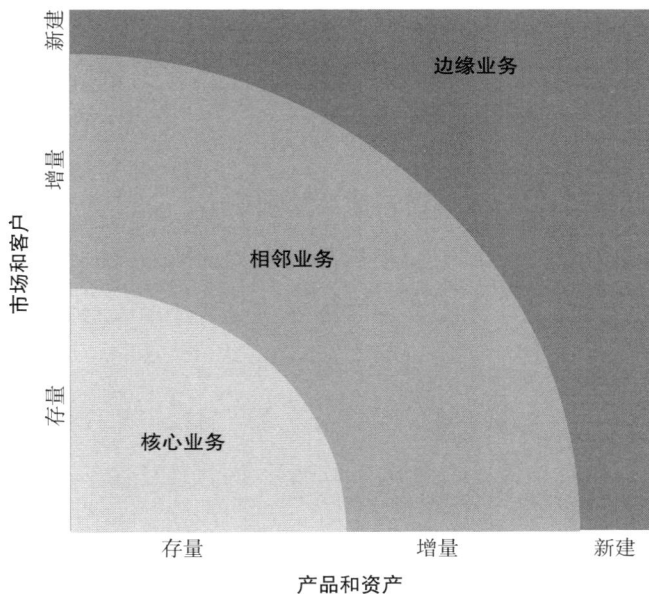

图6-1 数字化转型的反应物/反应范围

你从哪里开始，以及按照什么样的顺序开始，很大程度上取决于你对能在市场上获胜的战略的定义，这是你做出的最重要的数字化转型决策之一。显然，你首先需要详细了解对上述3类业务进行数字化转型的收益的加速器和减速器。

■ ■ ■

核心业务的数字化转型容易失败，但必须是你的最终目标

本书前文描述过的许多"催化剂"和后文将要描述的"反应机理"，可以使公司彻底重新设计其核心业务的运营方式（Westerman & Bonnet，2015）。但是请注意：在踏上数字化转型之旅时，将核心业务（或其他人所说的"中心业务"或"传统业务"）作为重点，无疑是一个大胆的选择。尤其是在股东大多"看重公司目前的盈利能力"而不是其未来增长潜力的情况下，做出这一选择更加考验你的魄力（Mani et al.，2018）。重点解决核心业务的问题，可能会在你得到预期的长期收益之前，使短期盈利先受到冲击。而且，不幸的是，冲击究竟会持续多久通常难以预计。据我的观察，任何大幅度减少核心业务成本的数字替代努力，都是为了给新玩法创造时空条件（Charan，2016），而且往往是从核心业务标准化并专注于客户体验开始的（Weill & Woerner，2018）。因此，这类数字化转型需要"明确而刚性的核心业务方向，围绕核心业务来确定数字化转型项目的规模和启动顺序"（Baculard，2017）。

是不是听起来太抽象？我发现用一个有趣的比喻来形容核心业务的数字化转型非常贴切，那就是城市规划（Beswick，2017）。我们可以把核心业务的数字化转型和美国波士顿市的"大挖掘"项目进行比较——该项目旨在用地下隧道交通网取代传统的地面公路基础设施。这与用数字方式替换传统核心系统非常类似，并且非常接近实施实物期权的哲学理念（Copeland & Antikarov，2001）。那些写起来、听起来很简单的东西，往往也是任何数字化转型中最具风险性但潜在收益率最高的杠杆。想象一下，一家规模庞大的科技公司拥有数百个旧系统，这些系统与前端界面用

"胶带"（duct tape）黏合在一起。[①] 这家公司启动一个项目，将这些旧系统转变为基于云计算的最佳堆栈技术，包含无头方法（headless approach）、微服务（microservices）等，如持续敏捷开发火车（continuous agile development trains），该类项目通常是该公司多年来启动的最大项目——从想法到实践，一个横跨几年、涉及组织内外数百人、几亿美元财务投资的大项目。

显然，核心业务的数字化转型收益的加速器和减速器通常很难被推导出来，主要原因是它们的影响往往是间接的。

核心业务转型收益的加速器

理想情况下，本书中描述的所有数字化转型要素可以无缝地协同工作，相关的商业案例往往看起来很有前景。你不再需要像过去那样一次性支付大量建设支出，而是通过逐步投资来一一替换旧系统，抵消明显的、额外的运营支出的影响，其最终收益体现在客户体验优化、流程效率提升和成本节约方面。不仅如此，在理想情况下，核心业务的所有催化剂在网络中共同发挥它们的优势，使整体收益不仅仅是简单效益的总和。与此同时，你为未来的增长梦的实现建立了一个可持续的平台，为未来的成功奠定了基础，但你们需要付出艰苦的努力。

---

① 这里用"duct tape"即胶带进行比喻，形容非正规或临时的解决方案。这些旧系统是公司在过去开发和使用的，可能已经过时或者不再适应当前的技术环境和业务需求，但很多公司采用的对策是在不进行全面现代化改造的情况下，尽可能地提供一些数字化的用户体验或者接口，即采用临时的、将就的解决方案。

核心业务转型收益的减速器

不幸的是，我所学到的经验教训表明：以上描绘的理想情况，仅存在于会议室里演示的 PPT 中。核心业务转型通常很快（通常在 6~8 个月后）就会变得像野战医院的大规模心脏手术场景一样，没有经验足够丰富的外科医生，而且手术器械来自不同的年代。这带来了巨大的代价——延缓了数字化转型进程。不仅第四章和第五章中描述的所有减速器都会出现，而且当它们在一起工作时还会相互放大各自的负面效应，特别是影响到核心业务的正常运营时。这始于实施所有最佳实践解决方案所需的成本——这些最佳实践解决方案在可预见和不可预见之间进行整合——你需要继续聘请外部专家来设计和指导数字化转型，并进一步激发你的团队所需的变革。最后，还有一个很不幸的事实是，它几乎从未被纳入商业计划中——你只有一个团队，不可能在运行正常业务的同时，进行如此大规模的变革。核心业务转型要求你对人才队伍进行大规模的补充，人才补充的时长与旧系统并行运行的时长相同（通常是几年）。此外，你还必须做出艰难的选择：是等待几年后让该项目被逐步交付，成为有望引领下一代市场差异化特征的东西，还是接受你需要在过时的旧系统中开发某些版本的新功能，并为此进行两次投资，但最终会废弃一次？无论如何，你都要预留足够的风险对冲备用金和控制治理成本。这还不包括实现转型的计划经常在第一次和第二次尝试时会遭遇失败，这一事实在商业案例中几乎从未被考虑在内，以便管理层有心理准备，每次失败后都能迅速调整、重新开始。虽然人们经常使用的"沉没成本无关论"在经济学层面可能是正确的，但在你第一次设计你的整体数字化转型之旅时，它可能会误导你。

当然，当你别无选择时——你的核心业务面临被颠覆或死亡的危机，无论怎样都会被全新的东西取代，决策就"容易"多了。另一个问题是，股东是否真的愿意给你提供资金以便你开启这一风险很大、非赢即输的旅程？

我总结了核心业务转型收益驱动力，如表 6-1 所示。

表 6-1　核心业务转型收益驱动力

驱动力	更无形	更有形
加速器	• 所有应用的催化剂和反应机理的单一优势，加上良性网络带来的倍增效益 • 核心业务未来成功的物期权	• 在核心业务中断时唯一的退路
减速器	• 所有应用的催化剂和反应机理的单一减速器，加上倍增的复杂性带来的成本和接口 • 风险对冲备用金	• 实质性控制和治理成本 • 员工回填（staff backfilling） • 并行双投资（传统技术和新技术／流程／产品） • 首次失效成本

■ ■ ■

如果没有适当的再整合，
相邻业务数字化转型将永远不会成为企业的一分子

再次引用上述城市规划进行类比，把相邻业务纳入数字化转型范围，类似于在城市的核心区域之外的一些灯塔[①]上进行专项投资，将它们作为进一步转型的起点。迪拜曾经就采用了这种方法，首先在非核心区

---

① 在城市规划场景中，灯塔可能是历史遗迹、旅游景点或者具有象征意义的建筑物，它们作为城市的特色和地标，也可能被用作导航标志或警示设施。

域建造高层摩天大楼。这些摩天大楼犹如最初的火花，其取得成功后扩散到城市其他区域，并在短短几年内将迪拜带入了完全不同的现代化联盟。在商业领域，希望通过实施新的在线功能、引入数据分析，以及启动数字实验室或创新中心来改变人们的观念，从而在以后能够"重新整合"（reinvention）[①] 需要保留的核心业务（Beswick，2017）。这里会用到"数字扩展"（Westerman et al.，2011）这一概念，其更多地来自技术的多样化和实验（Bughin & Catlin，2017），而不是像之前在核心业务中解释的那样，以艰难的方式应对挑战。如果你同意我的观点，即你的最终目标是核心业务转型，那么你就必须考虑到在规划得到成功实施后，将相邻业务整合到核心业务中所需付出的巨大成本。这不会自动发生。只有一种情况是例外——在你的战略目标是要成为一家金融控股公司，你的相邻业务繁荣发展，而你的核心业务逐渐消失的情况下，其他方法才有意义。多年来，我目睹了不少当相邻业务撤退、缩减时，核心业务进行防御性反应带来的影响。这种影响可能非常强烈，以至于扼杀一项相邻业务的速度远比培育它要快得多。尽管如此，相邻业务转型的加速器和减速器通常更容易量化，但起初的规模往往比较小。

相邻业务转型收益的加速器

相邻业务转型的优势在于，其加速器通常可以被单独分析并明确界定。因此，前后文介绍的许多催化剂和反应机理，通常首先在相邻业务

---

① 在谈相邻业务转型时，作者多次强调"重新整合"这个词，其重点想表达的是，数字化转型的反应范围最终指向核心业务转型，因此即使相邻业务转型有朝一日取得成绩，它也只有被整合成为核心业务中的一分子才算是真正的成功，但这也是关键挑战所在。

模型中被测试，以控制公司转型的整体风险。你要么在现有单元中进行试验（例如，专注于网站或在线渠道的前端技术），要么在专注于新商业模式的独立公司中进行试验（例如，保险公司的金融科技实验或电信公司的物联网软件）。然后，你就可以沿着特定的加速器轻松地规划收益和节约成本，而不会迷失在多维功能性、时间依赖性的复杂性之中。这种做法提高了速度和敏捷性，极大地降低了风险敞口，降低了控制和治理成本。它还可能为核心业务带来间接的积极启发和溢出效益。

相邻业务转型收益的减速器

虽然针对处于封闭式相邻业务转型中的减速器，往往更容易按照之前解释的催化剂进行规划，但有一个主要减速器常常被忽略，即前面提到的重新整合的需求。如果没有意识到这一点，你就永远无法点燃核心业务转型的火花，使其被接受，也无法从相邻业务的运行方式中学习，无法大规模部署新的技术。没有意识到这一点的典型原因包括：缺乏早期的强制接触点（例如，强制让核心业务成为相邻业务的产品和服务的用户）；忽视对创新平台进行早期的技术预集成，在文化调整和计划变革方面投资不足，未能避免"NIH 综合征"①（Not Invented Here Syndrome）；文化冲突；处理事情的工作方式不同；甚至从第一天开始就产生了误解。如果没有经过仔细规划，不发自内心接受"这样做将比第一次相邻业务转型投入更多"的观念，我可以保证你会失去一切。

我总结了相邻业务转型收益驱动力，如表 6-2 所示。

---

① NIH 综合征是一种文化现象，指人们因某种产品、研究成果或知识来自其他地方而不愿意购买、使用它们。——编者注

表 6-2　相邻业务转型收益驱动力

驱动力	更无形	更有形
加速器	● 更易规划 ● 风险隔离 ● 积极的间接收益溢出	● 速度 / 敏捷性
减速器	● 包括文化、人员、变革在内更软性的重新整合成本	● 从核心业务扩大范围的技术重新整合成本

■ ■ ■

边缘业务数字化转型的表现，通常不可预测

　　最具颠覆性的数字化转型范围决策，可能是重新开始、完全摆脱过去的做法。这通常是很难解释的，尤其对于那些没有遭遇危机情况的老牌公司。回到前面讨论的城市规划的类比，这种从零开始开辟新领域的方法，类似于在中国上海建造一个全新的金融中心。就数字化转型而言，这可能意味着在未开荒之地从 0 到 1 进行开垦（Westerman et al.，2011），比如推出新的基于云的系统，并且只迁移关键的内容（Beswick，2017）。这种边缘业务转型带来的商业收益通常难以被量化，因为其结果具有较大的波动。

边缘业务转型收益的加速器

　　边缘业务转型的好处是显而易见的。与任何新企业一样，它可能需要一些时间在未开荒之地开垦，但不会因为核心业务的任何历史包袱而放慢速度。一旦取得成功，它就可以为你开辟全新的收入来源，同时运行最先进的技术和精益的运营模式，而不受制于过去的局限因素。此外，与相邻

业务转型相比，你可以大幅降低控制成本，因为边缘业务在大多数情况下只需要远距离指导，以使其能够有自由发挥的空间，而不会被大型企业核心业务的复杂流程所扼杀。

边缘业务转型收益的减速器

边缘业务转型的减速因素是什么？如果你忘记了你实际上并没有改变任何东西的话，那么边缘业务转型几乎没有任何减速因素。相反，你正在创造一些全新的东西，没有把你过去所做的事情牵扯进来，因此这对你的核心业务也没有产生任何正向影响。这并不意味着当核心业务被破坏或即将被破坏到无法修复时，边缘业务转型就不是一个好主意。但是如果你开始进行边缘业务转型以助力核心业务，那么你就必须预计到会有意想不到的事发生，并可能最终导致核心业务必须重组或被剥离。当然，如果你计划使用边缘业务转型来拯救你的核心业务，那么你就必须考虑到更大范围的重新整合投资——在文化、人员、技术和流程方面，这比选择相邻业务的反应物/反应范围作为你的转型起点，动作会更大。

我总结了边缘业务转型收益驱动力，如表 6-3 所示。

表 6-3　边缘业务转型收益驱动力

驱动力	更无形	更有形
加速器	● 自由，速度 ● 没有传统链的羁绊	● 与相邻业务转型相比，成本可控性更好（如财务控股类）
减速器	● 如果以影响核心业务为目标，则重新整合成本非常高	● 如果一直保持未开荒状态，则很可能不会给你的核心业务带来有价值的影响

第七章

数字化转型的过程：
选择正确的方法

我最近发现，数字化转型领域中的很多实践者不再致力于制定明确的制胜"策略"（Lafley & Martin，2013）（第九章将对此进行详细阐述），也不再追求更清楚地理解本书前文所讨论的"反应物/反应范围"要素，而是越来越多地把关注点转向"反应机理"，即转型"过程"。

无论你听到或读到什么，如果心中没有明确的战略愿景、目标状态和范围，数字化转型就绝对不是一个好主意。很多时候，当下的商业流行语，如敏捷、混合、双速或双模，起源于软件和 IT 开发实践，在没有被正确理解的情况下被应用和实施，实践者也没有考虑使用不正确或不完整所带来的潜在风险和对数字化转型的减速影响。我只能建议你：务必仔细了解商业流行语的优势、局限性——最重要的是要想它们取得成功，需要具备什么前提。只有这样，你才能从根源上防止价值破坏，避免在一开始就扼杀你的数字化转型计划。

■ ■ ■

瀑布式模式尚未消亡，但它即将退出舞台

在我们深入探讨商业流行语之前，让我根据经验澄清一件事：在当今的数字化转型实践中，人们经常谴责瀑布式模式——长期以来它一直是成熟组织中管理大型和/或复杂项目最常用的方法（如果你的企业属于中小企业，你可以在本书第十一章[①]获得额外的具体指导）。即使在今天，瀑布式模式在某些情况下仍然适用——虽然我们必须承认这种情况确实比较少见了。需要正式证明无差错的全生命周期的关键应用程序就是瀑布式模式的一个典型例子（例如，使用数学方法）。在大规模项目中，某一部分/某一要素也可能是通过这些正式的瀑布式方法实现的，而其余部分则是通过迭代方法完成的。

因此，你不要感到有压力，要求所有的一切都基于敏捷式方法进行管理。瀑布式模式依然适配具有"天然的多耦合性""需要大量协同"的转型，以及最适配成熟的 IT 治理框架，"比如 ITIL、CMMI 或 COBIT"（Barlow et al.，2011）。我们不应该过早和过于傲慢地抛弃瀑布式元素。计划驱动方法的某些成分，在引导大型数字化转型项目时仍然具有吸引力——尤其是当团队规模较大并且项目之间相互依赖的逻辑还是完全呈顺序的时候。然而，尽管很多组织和项目都通过了能力成熟度模型集成（CMMI）第 5 级甚至更高水平的认证，我仍然看到许多组织和项目无法取得成功。此外，一些任务，比如对业务应用程序组合进行重大调整，

---

① 这里提到的中小企业的做法，原文说在第十二章是笔误，应该是在第十一章。

并对重要的硬件和软件进行修改，可能仍然需要一次"大爆炸"[①]。对于这样的项目，你不能只进行典型的敏捷冲刺。当相互依赖性变得更加互惠时（这是任何数字化转型的现实），瀑布式方法显然很快就会暴露出其缺点，而较小的团队规模则能够实现更大的灵活性（Morton et al.，2018）。

基于多年的经验，瀑布式转型的加速器和减速器对你来说应该不陌生，以下部分和表 7–1 仅做简要总结。

表 7–1　瀑布式转型收益驱动力

驱动力	更无形	更有形
加速器	• 大规模、大爆炸式变革的先决条件 • 有限的变革、沟通和技能再培训成本	• 预算控制和可规划性 • 必须满足无差错的要求
减速器	• 产品上市时间更慢 • 大规模项目的可规划性，往往仅存在于理论中	• 对旧系统和新系统进行双重投资

瀑布式转型收益的加速器

瀑布式转型的第一个也是最重要的收益加速器，就是"瀑布"（waterfall）概念最初被引入的唯一的也是最重要的原因。这个原因至今仍然有效：在具有明确目标的大规模连续"大爆炸"环境中，你希望更

---

① "大爆炸"（big bang）全称是"大爆炸实施方法"（big bang implementation）。这种方法是指在 IT 项目实施过程中，所有的新系统或旧系统变更一次性完成部署和切换。也就是说，旧系统会在一个预设的日期停止使用，然后新系统在同一时间点全面上线并立即投入使用。这种策略的特点是转换过程快速且剧烈，类似于宇宙大爆炸的瞬间变化。其优点包括快速完成转换，减少过渡期的复杂性；但也存在显著的风险和挑战：风险集中，测试难度大，用户难以适应性，等等。

好地规划和控制预算，降低外部和内部沟通成本，以及更轻松地满足团队人员的技能提升需求。

瀑布式转型收益的减速器

显然，获取上述好处是有代价的。瀑布式模式要求你通过适当的分析、规划和执行来控制一个由数百或数千名团队成员参与的大规模项目。在这个范式中，缺失的是不确定性、随时间推移而发生的变化（由内部和外部因素驱动）及此类项目难以管理的复杂性。无论如何，瀑布式模式的进度一直比较缓慢，直到你的所作所为产生的影响变得可衡量。更糟糕的是，你最终可能会为了实现某一个目标而投资，而一旦你达到这个目标，与竞争对手就很难区分开来，此时你将不得不投资两次来实现这一目标—— 一次是在旧系统中，一次是在新系统中。此外，在现实中，你所期望的"可规划"往往只是一个天真的梦想，结果就是许多承诺无法兑现、时间表不切实际。

■ ■ ■

敏捷式转型的积极面和消极面

敏捷式方法能否给长期缓慢推进的瀑布式模式带来希望之光？在软件开发中，最初的敏捷思想是引入迭代开发、频繁的客户反馈、及时的版本发布和严格的测试（Cao et al.，2009）。在更广泛的数字化转型背景下，敏捷思想首先是在敏捷组织讨论的背景下使用的（Roberts & Grover，2012），比如"敏捷组织"（Kane，2019）或"敏捷战略"（Morton et al.，2018），其中迭代测试和原型设计通常是定义元素的组成部分（Rogers，2016）。有一些支持者认为，敏捷思想对于提高 IT 部门的响应能力（Haffke et al.，2017）、IT 与业务对齐程度（Briggs，2019）至关重要，并被推荐在相互依赖的环境，尤其是在小型团队中使用（Barlow et al.，2011）。

虽然如今敏捷式方法和思维（例如发布计划冲刺、规划和每日站会）已成为日常转型实践的标准元素，但因为许多组织在引入敏捷式方法时没有仔细考虑所有的加速器和减速器，以至于这些组织至今都没有从敏捷式方法中真正获益。

表 7-2 对敏捷式转型收益驱动力做了汇总。

表 7-2　敏捷式转型收益驱动力

驱动力	更无形	更有形
加速器	<ul><li>更好的基于价值的优先级排序</li><li>对市场驱动的范围变化做出更快的反应</li><li>缩短产品上市时间</li><li>由于有更多的中间检查点，风险更易于管理</li><li>最重要的是更简单的决策流程</li></ul>	<ul><li>缩短开发时间，提高开发质量，从而降低整体成本</li></ul>
减速器	<ul><li>端到端的敏捷理念和目标运营模式的投资</li><li>需要构建新的融资机制和治理流程</li><li>敏捷的供应商管理方法</li></ul>	<ul><li>培训和技能再培训成本</li><li>招聘成本</li><li>外部专家成本（咨询、敏捷教练）</li><li>沟通和变革管理成本</li></ul>

敏捷式转型收益的加速器

在数字化转型中使用敏捷式方法的好处显而易见，相信你已经见过很多关于这方面的广告宣传——相关描述已经多次出现在会议室的 PPT 演示中。如果以正确的方式实施"敏捷"，那么你可以获得降低成本、缩短开发时间、提高质量、缩短上市时间等好处。此外，由于有更多的中间检查点和更简单的决策过程，你在风险组合管理方面也很有优势。最重要的是，你可以借此机会，对市场驱动的范围变化做出基于价值驱动的更快反应。特别是将敏捷式方法与本书前文描述的"反应物／反应范围"放在一起使用时，效果更加明显。显然，敏捷式方法在企业的非核心业务上更容易实施——即在"边缘"业务或"相邻"业务的商业模式（例如，新产品）或功能（例如，前端网站设计）方面。

敏捷式转型收益的减速器

虽然在数字化转型中实施"敏捷"听起来像是一个没有遗憾的决策，但当"敏捷"从一个泛泛的概念变成实际落地的项目计划，而且项目实施规模超出你的组织边界时，问题通常就会很快地显现出来。不幸的是，如果一开始没有建立正确的认知，大多数敏捷式转型在开始之前就注定会失败。

首先，你不能在项目已经进行了一半的时候，才使用敏捷式方法。人们通常认为他们可以通过敏捷式方法来改变组织和员工。敏捷式方法的相关概念最初看起来都很简单，似乎都可以轻松应用，但事实并非如此——敏捷式方法需要一个范式转变，必须被独立管理，更重要的是，它必须被当作一次真正的变革行动来对待。你必须事前在定制的、端到端的敏捷目标运营模式上投入大量资金，否则当敏捷式方法与传统的管理和治理原则相冲突时，"防波堤"就很容易被冲垮。这可能是受到传统业务需求思维阻碍的 IT 部门精心设计的 DevOps 概念，或者反过来，业务部门在敏捷产品设计过程中遭遇旧 IT 系统版本发布的障碍。由此导致的低效率，需要你投入大量的治理成本。与此同时，如果没有正确地建立敏捷团队，你还可能面临生产率大幅下降的问题。

如果你在建立新的融资模式之前没有预先设定场景，而只是基于传统的商业思维（正如本书第四章和第五章所解释的那样），那么对于传统的投资回报率（return on investment，ROI）的讨论将使敏捷开发的速度大大减缓。你必须对各级利益相关者进行劝说，让他们放弃一些先前所期望的确定性，并同意将"敏捷"作为一种迭代式的试验和学习方法来进行投资。其中，概念验证、原型、最小可行性产品（minimum viable product，MVP）和支持定期迭代被视为标准。

与瀑布式转型相比，敏捷式转型需要更加专业、及时和定制化的风险管理。在瀑布式转型中，每月开一次风险会议，构建出典型的风险影响矩阵，制作缓解清单和日志（mitigation list and log），通常就足够了。但在敏捷式转型中，如果你不想风险的负面影响立即波及实际生产，则必须更快地应对风险——在几天或几小时内解决问题。

确保你的项目团队和公司中的其他人都充分掌握"敏捷"的语言、方法和含义至关重要。但要做到这一点，无疑需要大量的投资，以获取和分配资源，而且你还需要投入足够的时间和精力。考虑到公司的正常业务可能因为转型而受到重大干扰——这是不可避免的——因此你需要在项目初期就预留回填资源（backfilling of resources）来减小这种负面影响。你必须建立新的人员配备机制，分配合适的跨职能专家参加敏捷冲刺。你还需要确保从上一个冲刺到下一个冲刺的连续性，以及从一个项目到另一个项目的连续性、稳定性、平滑度。这通常需要消除岗位角色的刚性职责边界。如果你仍然将组织角色严格分类，那么你将永远不会培养出一个能够自己解决问题的敏捷团队。

为了让这些孤立的敏捷团队发挥作用，你需要在敏捷教练和培训、变革管理方面持续投入。另外，如果你的员工队伍在敏捷方法等专业知识方面储备不足，那么你还需要招聘各个层级的敏捷专家。无论你今天相信与否，你都可能在转型过程中为引入外部敏捷技能而支付一大笔费用。另外，配合敏捷式方法而引入可用的新工具、自动化解决方案，例如自动构建和部署工具或者更好的工作组织软件，也是一笔不小的花销。

总而言之，敏捷式方法有很多有趣的方面，比如需求优先级排序和快速适应。这些通常会很快得到实施。但也有一些困难的方面，比如团队的相互承诺（没有独裁决策……没有压力）、一个更民主的组织（是的，你们需要互相交流），以及更开放的沟通和透明度（可以从中学习的东西）。尤其是最后一点，可以帮助你避免敏捷式方法的消极面——它可能会鼓励人们尽可能长时间地隐藏错误或弱点，从而潜在地危及整个事业。在敏捷式方法中，更困难的一点是相关举措的实施可能被遗漏——这种遗漏之所以发生，是因为对传统方法的规划和执行过于松懈，由此导致的结果就是一片混乱。而比上一点还要困难的一点往往是对规划和执行进度的纠正。

显然，随着灵活性的增加，敏捷式方法的缺点也暴露出来——"结果"的可预测性大大降低，并且永远不会具备长期稳定性。你可能会问，瀑布式模式的可预测性不也无法实现吗？虽然你可能在某些PPT中看到过关于可预测性高的声明，但它给你带来的安全感未必是真实的。可预测性通常只是一种感觉，而敏捷式方法从一开始就明确地传达一个观点：事物将会发生变化。这对于需要明确的目标、工作计划及让人们遵守该计划的传统管理者来说，是很难接受的。在每个瀑布式项目中，一旦人们发现无法规避不确定性，计划就需要重新调整。但是，几个月后，每个人都清楚——你计划采取对策又撤回先前的举措，这些事情实际上几个月前就可以完成了。这就意味着将产生更高的沟通成本和变革管理成本，并在更大的范围内实现新的工作方式。

以上描述还没有考虑到许多敏捷式转型的一个特点：它们不是孤立发生的。想要进行敏捷式转型，就要和很多供应商、合作伙伴进入同一团队一起工作，这势必会因为需要和供应商打交道而造成敏捷思想的"巴比伦塔"，因此你需要进行大量投资，使每个人都用同一种语言和遵循新的敏捷供应商管理原则，因为传统的指导方法将不再适用。你可能被固定价格或固定成果的合同所束缚，或者你的合作伙伴可能还没接受过敏捷交付模型的良好训练。与不愿意或无法加入你的敏捷式转型的供应商合作，可能会引发严重的后果。你可能需要签订新的合同，甚至更换供应商。

■ ■ ■

混合式转型很复杂，但你必须直面它

通常来说，规避实践中两种对立概念的缺点的首要方法，就是尝试找到一个折中方案。对于数字化转型实践，这通常被概括为"混合式"或"双模"（hybrid or bimodal）（Haffke et al.，2017）。当团队规模比较大，处于相互依赖、相互催化的不确定性环境，但又需要使用强计划的工作方法时，我通常建议采用这种方法。混合式方法可以弥补纯粹的敏捷式方法的一些缺点，包括重新引入瀑布式方法的一些关键要素，比如前置设计、让客户反馈通道更畅通、控制授权的扁平化等级等（Barlow et al.，2011）。基于计划的工作方法仍然是解决方案的一部分，因为仅仅扩大 IT 和业务的授权以实现更高的灵活性，"并不能减少 IT 继续履行其运营职责以提供可靠、可扩展、安全和高效的企业系统的需要"（Haffke et al.，2017）。对于这种混合式数字化转型过程，管理者需要在探索新资源和利用公司已有资源之间取得平衡（Hess et al.，2016）。

然而，折中的混合式方法在提供加速获取数字化转型收益方法的同时，也带来了一些成本。混合式转型收益驱动力如表 7-3 所示。

表 7-3　混合式转型收益驱动力

驱动力	更无形	更有形
加速器	● 整合了敏捷式方法和瀑布式方法的优点	● 加强控制
减速器	● 敏捷式方法的所有减速器加上额外的复杂性成本	● 无

混合式转型收益的加速器

与纯粹的敏捷式方法相比，混合式方法确实会减缓转型速度，但更具可控性。采用混合式方法的转型速度也比采用瀑布式方法更快，并且采用混合式方法可以获得更容易沟通等好处，以及让你有更好的规划能力。在到处都在谈敏捷式转型、局面变得混乱不可控，以及你要给组织内部和外部的利益相关者（包括你的内部团队、外部合作伙伴团队）提供一个跨年度的数字化转型计划——尤其是这个计划既要包括里程碑的高级别路线图又要包含许多小的速赢点的时候，混合式转型是一个相当不错的选择。

混合式转型收益的减速器

任何混合式方法都会使敏捷式方法的要素最终变得没那么清晰和纯粹，从而在接口等方面增加复杂性成本。这就是与教科书中描述的纯粹的敏捷式转型相比，混合式转型速度较慢的主要原因。敏捷式方法在现实中很难被有效实施，而混合式方法则更容易被管理者接受并尝试。事实上，这些问题都是可以解决的。敏捷的真正本质在于过程。没有必要让敏捷项目的所有方面都使用敏捷式方法。有一种经过验证的方法，可以将敏捷式方法与传统的瀑布式方法相结合——因为敏捷式方法是灵活的，它可以嫁接瀑布式方法的优点来快速克服以往敏捷项目交付的缺点。不幸的是，使用混合式方法并不意味着你可以节省敏捷式和瀑布式转型的任何减速器带来的成本（比如培训、变更和沟通成本等）。恰恰相反，采用混合式方法时，额外的复杂性可能带来更大的负面影响，因此你需要在接口处增加更多"防波堤"。

第八章

数字化转型的结果：
实现关键指标

$\underset{\text{最}}{\quad}$后，我们获得了与我们正在寻找的数字化转型价值影响最接近的关键框架要素，即"产物／结果"。"产物／结果"是数字化转型反应过程的隐喻产物，从特征的差异性来看，其可分为两类：①主观数字化成熟度状态（subjective digital maturity status）；②客观数字化影响信息（objective digital impact information）。

第一类，**主观数字化成熟度状态**，包括所有的数字化转型产物——其中一种是在没有组织内部知情人引导的情况下，外部股东和利益相关者通常无法观察到的数字化转型产物。主观数字化成熟度状态构成了大多数数字化转型研究的基础，并且它主要建立在本书第一部分已经被广泛解释和批评的成熟度模型之上。不幸的是，在有效资本市场假设里（Fama，1970），由于数字化转型过程的外部观察者无法获得主观数字化成熟度状态信息（更谈不上依赖这些信息），因此主观数字化成熟度状态对于任何实证研究来说几乎都没有价值。尽管如此，许多公司和顾问仍然热衷于选择各种不同方式的、简单的主观测量方法，以了解他们所处的相对位置——首先，在预定义的内部成熟度模型等级中，他们处于什么位置；其次，可借此建立一个"着火的平台"①，便于在内部进行数字化转型战略演示时，引发抽象、功能或聚合层面②的一些反应。

正如第二章所述，在任何情况下，你都不应将数字化转型视为一条轻松的道路。在付出努力并很可能会遇到许多阻力后，你可以对更具体的数字化转型结果有更高的认知水平。因此，你需要利用第二类结果，即**客观数字化影响信息**。这类结果必须采用具体的、可衡量的、可实现的、相关的、时间明确的（即"SMART"原则）数字化转型描述形式（Kawohl & Hüpel，2018）。幸运的是，当人们认为这些结果与企业价值相关时，上市公司必须在履行法律义务或自愿进行外部沟通时披露或宣布这些结果的信息。但是，关于这些可观察的、更加客观的数字化转型结果的研究及洞察依然很少，尽管它们对我们来说非常重要。

为了给你概述一些先进的研究结论，下文中的汇总表（表 8-1）试图将客观数字化影响信息产物，即"结果代理"（outcome proxies）和"结果"（outcomes）分为 3 类，其可感知性依次增强。

1. "可复制的参考"③

2. 运营 KPI

---

① "着火的平台"（burning platform）源于一个小故事：一个人发现自己站在一个着火的平台上，如果不跳进平台下方的水中，他就会被火焰吞噬。在这种生死攸关的情况下，他被迫做出决定，尽管跳入水中也可能有危险，但相对于留在着火的平台上，这是更佳的选择。现代商业使用"着火的平台"比喻当前的业务状况、产品、技术或流程已经到了不得不改变的地步，如果不改变，可能会导致严重的后果，因此启动改革项目的紧迫性和重要性非常高。

② 在本书第二章，作者把业界成熟度模型总结为 3 类：抽象数字化成熟度、功能数字化成熟度、聚合数字化成熟度，详情请读者回顾第二章。

③ "replicable references"可以理解为"可复制的参考"或"可复制的范例"，当某个数字化转型项目被认为是成功的，而且它的成功要素、实施步骤和取得的成果可以被清晰地描述和总结时，这些成功的经验和做法就可以作为"可复制的参考"提供给其他项目或组织。这样，其他项目或组织就可以借鉴这些成功的经验和做法，从而提升自身的转型成功概率。

3. 财务 KPI

显然，根据客观数字化影响信息对先前现状的影响或趋势，每个"产物/结果"都可能是前几章详细解释的数字化转型加速器和减速器的具体化。表 8-1 提供了每个类别的示例，并展示了现有数字化转型研究对"可复制的参考"的重点关注，其次才是作为数字化转型结果代理的运营 KPI，而对实际结果（即财务 KPI）的研究几乎为零。遗憾的是，无论我们关注这 3 类结果中的哪一类，我们会发现最缺少的恰恰就是与外部可测量的市场价值之间的关联，而这正是本书要实现的一个关键目标。最后，在继续阅读本章之前，我提一个建议：即使你认为数字化转型的影响无法在公司官方报告中被体现或衡量，但它仍然是可以观察到的，通常可以通过人们的行为，以及他们在官方报告之外所说的内容来获取。

■ ■ ■

"可复制的参考"——衡量迄今为止无法衡量的因素的结果代理指标

"可复制的参考"是数字化转型领域的第一个客观结果类别，它可以有许多不同的形式，并且似乎在数量和频率上都在持续增长（Kawohl & Hüpel，2018）。因此，关于公司范围内努力实现数字化转型灯塔的故事至少在数字化转型研究领域引起了一些初步关注。

表 8-1　按有形性对数字化转型的产物 / 结果进行分类

结果代理 / 结果	可复制的参考 （有形性低）	运营 KPI （有形性较高）	财务 KPI （有形性最高）
例子	提及 / 声明数字化转型灯塔活动、项目、试点等	关键绩效指标（KPI），例如关于客户体验或员工体验（比如，净推荐值 /NPS、CSI、数字优先比率）、生产率参数（比如，自助服务比率、问题一次性解决率、自动化交易份额）	直接关联来自利润表、资产负债表、现金流量表中的数字化转型数据（例如，数字化业务收入或云成本）
影响的方向（加速还是减速）	可以是加速器（积极影响）或减速器（消极影响）	根据其增量效应，可以是加速器（积极影响）或减速器（消极影响）	根据其类型（例如收入与成本之比），可以是加速器（积极影响）或减速器（消极影响）
相关的数字化转型研究	一些： ● 数字化导向的文本分析（Beutel，2018）：实证表明与价值存在正相关关系 ● 与分析师建议相关的数字化转型的文本分析（Hoss nofsky & Junge，2019）：实证研究显示，在分析的中期表现出与价值有正相关关系，但在分析的早期和后期则没有	少量： ● 数字驱动价值的无形资产，如客户满意度、质量、流程、客户关系、人力资本质量等（White，2016）：未分析与价值的关系	

结果代理 / 结果	可复制的参考 （有形性低）	运营 KPI （有形性较高）	财务 KPI （有形性最高）
相关的数字化转型研究	• 市场价值和数字化成熟度（Zomer et al., 2018）：互惠分析，那些增加市场价值的公司在数字化方面的成熟度更高 • 将实物期权应用于数字化转型（Schneider, 2018）：展示了与价值的概念关系 • 关于电子商务 / 数字化的公告（Dehning et al., 2004; Subramani & Walden, 2001）：实证表明与价值呈正相关关系 • 将报告中的数字活动公告和投资者对市场价值的呼吁进行关联分析（Chen & Srinivasan, 2019）：实证表明呈正相关关系	• 基于"管理维度"的数字时代指导模型，如"社区、合作伙伴、投资组合和资源"（Schönbohm & Egle, 2017）：未分析与价值的关系 • 数字创新仪表盘（Mullins Komisar, 2011）：未分析与价值的关系 • 数字创新 / 专利（Mani et al., 2018）：市场期望对数字创新和企业绩效之间关系的影响	非常少： 间接地，作为定性文本分析的一项标准（Kawohl & Hüpel, 2018），可以归入"可复制的参考"类别：未分析与价值的关系

"可复制的参考"：优点

"可复制的参考"具有一个明显的优点——事实证明，它们是最容易捕获的数字化转型"结果代理"。因此，通过定义适当的关键词，然后对企业的公开声明进行定性文本分析——"可复制的参考"有助于显著提高对企业数字化转型结果的理解（Beutel，2018；Kawohl & Hüpel，2018；Subramani & Walden，2001）。"可复制的参考"还可以利用程序化自然语言处理（NLP）的最新研究成果（例如，依赖性），形成更深层次的明确结论，以衡量事实或情感（见本书附录 B）。

"可复制的参考"：缺点

然而，由于样本中的公司的数字化转型故事缺乏可度量性，其影响、暗示也往往具有主观性，因此对于它们描述的所有结果，我们都必须持保留态度。在数字化转型研究中，很少有研究者采取必要的步骤，从单纯的公告分析转向寻找实际价值含义（Beutel，2018；Chen & Srinivasan，2019；Hossnofsky & Junge，2019；Subramani & Walden，2001；Zomer et al.，2018）。以往的研究者都同意，在确定"可复制的参考"时，无论是由人类还是机器完成，都可能存在选择偏差——可能会忽略相关术语或增加太多。在我看来，这种担忧可以忽略不计。从折中方案的角度，我选择采用混合式方法，先手动定义一份词典（此过程显然存在选择偏差风险），接着利用大量基于自然语言处理的词向量对其进行扩展，以尽可能消除偏差。在应用 NLP 代码和采取预处理步骤整理报告时，也可能存在选择偏差。虽然已经采取措施（例如，随机检查）减少这种偏差，但人们对此的顾虑依然没法完全消除——即使应用复杂的 NLP 代码也无法取代人类对文本隐含意义的理解，消除所有假阳性（例如，小众公司名称），并识别段落之间的依赖关系。但是，由于手动进行同样的分析工作量太大，我们只能接受这个现状，直到未来的 NLP 创新解决这个问题。我们还必须假设，以同样的方式为每个观察结果生成所选数字化转型代理的方法存在的潜在偏差仍然使结果足够有效，以便于我们可以进行保守的解释。此外，数据可能存在偏差，即所选的"可复制的参考"不能完全代表公司的数字化转型真实状态（例如，如果所选的公司只对外报告积极的数字化转型经验，而数字化转型失败的公司则有意对外隐瞒不好的结果）。像陈（Chen）和斯里尼瓦桑（Srinivasan）（2019）的研究结论一样，我也认为这不是一个主要问题，因为假设数字化转型取得的实际成果在披露时，无论如何都不可见，则可能不会在影响披露决策方面发挥重要作用。尽管如此，这可能暗示未来的研究方向是多维代理——不仅包括代理，还包括与该代理相关的一对一情绪（one-to-one sentiment）。

表 8-2 总结了"可复制的参考"的优点和缺点。

表 8-2 "可复制的参考"的优点和缺点

优点	缺点
● 可以通过对可比年度报告的简单文本分析衡量	● 在定义"可复制的参考"时，可能存在选择偏差
● 基于程序化自然语言处理的最新进展（如对可衡量的事实、情绪等的依赖性），提供更深入的明确结论	● 任何应用程序化自然语言处理（NLP）中潜在的选择偏差
● 已经制定出可接受的缓解措施，以应对"可复制的参考"的选择偏差	● 公司决定发布其数字化转型影响信息的潜在偏差

运营 KPI 难以捉摸，但总比没有好

第二个客观数字化转型影响类别是运营 KPI，例如客户体验数据员工体验数据（例如净推荐值，或类似的 KPI），或运营生产力参数（例如，客户服务中的自助服务率），这在日常管理实践中很常见。然而，除了基于调查的相关无形资产讨论（White，2016）及基于"社区""合作伙伴""投资组合""资源"等"管理维度"开发新的指导模型的初步努力之外，关于运营 KPI 在数字化转型中的研究几乎没有进展（Schönbohm & Egle，2017）。

运营 KPI：优点

运营 KPI 在最复杂的"可复制的参考"分析的基础上，为数字化转型的价值分析带来一个额外的进步。至少对于内部分析而言，运营 KPI 可以形成更高级的模型来估算数字化转型对实际的财务 KPI 产生影响的基线。比如，运营 KPI 可用于开发因果模型，以估算数字客户满意度改进措施对客户体验数据（比如，净推荐值）的影响。基于相关分析结果，现代方法试图找到净推荐值与客户终身价值之间的（因果）关系。

运营 KPI：缺点

利用运营 KPI 对数字化转型的价值进行系统性分析的最大缺点是：从外部来看，无法以任何系统化的方式获得相关信息。这并不奇怪，因

为目前还没有发布此类信息的明确标准（这是肯定的）。因此，站在公司外部把运营 KPI 与市场价值关联起来是不可能实现的。但这并不意味着内部模型就不应该成为你的重点。虽然仍然是实验性的，但我强烈建议你不断劝说你的内部分析团队和外部分析专家，让他们尝试使用因果模型跟上数字化转型领域正在发生的前沿创新。我最近了解到运营 KPI 相关模型非常有希望取得初步成功，尽管其中仍然存在大量噪声。

表 8-3 总结了运营 KPI 的优点和缺点。

表 8-3　运营 KPI 的优点和缺点

优点	缺点
● 因果模型的持续创新，可以提供关于运营 KPI 与财务影响之间关系的直接且明确的结论	● 无法通过任何系统化的方式公开地找到这些数据，因此站在外部视角不可能进行市场价值影响分析 ● 内部分析因果模型（基于财务 KPI）往往是基于经验性的，而且存在大量噪声

■ ■ ■

通往财务 KPI 的道路是烦琐的，但值得一试

第三个客观数字化转型影响类别是财务 KPI（例如，利润表、资产负债表、现金流量表中的数据）。你很快就会发现，财务 KPI 是数字化转型中最不被涵盖的结果集，只是作为小众定性文本分析的一部分（Kawohl & Hüpel，2018）。财务 KPI 常被用作实证研究中表征公司绩效的因变

量[①]。显然，关于如何捕捉数字化转型成功的结果，还没有在科学研究和管理实践中形成结论。考虑到任何数字化转型都可能对财务 KPI 产生多重影响，因此这并不奇怪。

财务 KPI：优点

为了更好地理解组织内部的价值关系（以价值驱动树和因果模型的形式呈现），探索财务 KPI 的旅程仍然值得走一遭。虽然这可能无法帮助你找到数字化转型与市场价值的直接关联，但无论你可能会面临什么样的内部阻力，你肯定需要走上这条路。至少，这将确保你的内部商业案例不是水晶球活动[②]，你能在找到某些触发因素的基础上对财务状况会发生什么变化以及如何改进有更深刻的理解。此外，你在系统地记录你在数字化转型领域所做工作的财务影响后，就能够决定要以何种"可复制的参考"进行沟通，以及确定向利益相关者报告哪些事实（例如，某个数字产品或商业模式带来的收入）。

---

① 在统计学中，从变量的因果关系来看，变量可分为"因变量"和"自变量"。"因变量"是表征变动结果的变量，是模型要分析研究的对象，也被称为"回归子"或"被解释变量"；"自变量"是表征变动原因的变量，也被称为"回归元"或"解释变量"。

② 水晶球活动（crystal-ball exercises）是一种形象的说法，在西方神秘学和占卜传统中，水晶球被视为一种灵视工具。占卜者或通灵者通过凝视水晶球进入恍惚状态，据说这样可以揭示未来、洞察过去或者获取隐藏的知识。因此，水晶球活动用于描述那些试图预测未来或预见可能结果的活动，这类活动通常需要参与者像通过水晶球看未来一样，推测、假设和分析未知的事件、趋势或情况。

财务 KPI：缺点

数字化转型价值影响分析中的财务 KPI，与基础 IT/IS 和创新研究有着相同的缺点：与其他非会计信息一样，财务 KPI 只能通过间接的价值驱动树，在收入和成本项目的基础上转化为财务数据，这正如瓦塔尼安（Vartanian）（2003）在其创新价值研究中得到广泛论证的那样。对于数字化转型，从财务 KPI 视角切入仍处于初级阶段，因此最有可能的是，所有实验分析都会带有实质性的偏差。更重要的是，其他因素（例如，非数字相关的措施或市场竞争变化）的噪声会干扰正在发生的事情的透明度。

表 8-4 总结了财务 KPI 的优点和缺点。

表 8-4　财务 KPI 的优点和缺点

优点	缺点
● 逐步提高对价值驱动力关系的理解 ● 信息库，以决定在对外沟通时涉及"可复制的参考"时应添加哪些事实	● 基于价值驱动力的分析仍处于起步阶段 ● 来自其他因素产生的噪声

第九章

数字化转型的策略：
为何规划至关重要

在我们开始深入探讨"策略"（即数字化转型收益框架中的"设计"要素）对数字化转型的重要性之前，让我们重温一下童年时期在格林童话里读过的一个故事。它很好地描述了本章所有内容的关键点。

兔子和刺猬

刺猬在离家很近的地方遛弯，并在萝卜地旁边的路上，遇到了兔子，兔子正要去看它的白菜地。刺猬友好地跟兔子打招呼，但兔子却非常傲慢，不仅不回应刺猬的问候，还摆出一副瞧不起人的样子，轻蔑地说："你怎么一大早就跑出来瞎逛？""我在散步。"刺猬说。"散步？！"兔子讥笑着说，"照我看，你的腿应该用来干点更有意义的事。"兔子的话让刺猬非常生气，它的腿很匹配自身的需要，但它们天生有点短，也有点弯，这让它感到有必要做出反击。于是，刺猬说："你似乎认为你的腿能比我的腿做更多的事？"

"没错，我就是这么想的。"兔子说。

"咱们可以比试比试，"刺猬说，"我敢打赌，如果我们来一场赛跑，我会赢你的。"

"太荒唐了！你的腿又弯又短！"兔子说，"但如果你喜欢赛跑，我愿意奉陪。我们赌什么？"

"一枚金币加一瓶白兰地酒，怎么样？"刺猬说。

"成交！"兔子说。它们握了握手，达成了协议。"好吧，我们最好现在就比赛，你觉得呢？"兔子说。

"不，"刺猬说，"不用这么着急！我还没吃早餐呢，我要先回家吃一点。半个小时后，我会回到这里和你碰头。"

兔子同意了，刺猬回家了，把兔子晾在田里。刺猬心想："兔子有它的长腿优势，但我有办法战胜它。它是个非常愚蠢的家伙，它将要为刚才对我的侮辱付出代价。"当刺猬回到家时，它对妻子说："你必须和我一起去田里。"

"为什么？发生什么事了？"它的妻子说。

"我和兔子打赌，赌注是一枚金币和一瓶白兰地酒。我打赌我能在一场赛跑中打败它，我想让你去现场看看。"

"天哪！"刺猬的妻子喊道，"你疯了吗？"

"别担心，"刺猬告诉妻子，"我有一个计划，但我需要你的帮助。"刺猬夫妇走到离房子最近的田地尽头。"我们将用这片田地作为赛场，我和它都在各自的犁沟里跑。我们将从对面的那一头起跑，终点线就在这里。"刺猬指着离它们脚边只有几英寸①的犁沟尽头说，"你要做的就是躺在这个犁沟的下方，这里就是终点线。当兔子快到达时，你对它大喊'我已经到了！'就好。"刺猬和它的妻子演练了几遍，因为妻子与它在声

---

① 1英寸 =2.54 厘米——编者注

音和形态动作方面一模一样，所以它确信这个计划会奏效。

"好吧。"妻子说，然后她就躺在了犁沟的下方。刺猬走到田地对面那一头，兔子正在那儿等着它。"我们现在可以开始了吧？"兔子说。

"当然可以。"刺猬说。它们各自跳进自己的犁沟里。兔子负责发号，"一、二、三，跑！"然后像旋风一般向田地另一头飞奔。刺猬却只跑了大约3步，然后便蹲在犁沟里，一动不动地待着。当兔子快跑到终点线时，刺猬的妻子大喊道："我已经到了！"兔子大吃一惊，心想：那只刺猬肯定作弊了。它大喊："我们重来一次！这次，我们比赛跑回到刚刚的起点那里。"于是，它又一次像风一样直奔而去，整个身体仿佛要飞起来一般。刺猬的妻子静静地躺在原地，而当兔子跑到田地的另一头时，刺猬自己大喊道："我已经到了！"此时，兔子完全被愤怒冲昏了头脑，它大叫道："我们必须再重来一次。"

"没问题，"刺猬回答说，"对我来说，你想跑多少次都行。"于是，兔子又跑了73次，而刺猬总是"赢"过它。无论兔子跑到田地的任何一头，刺猬或刺猬的妻子都会喊："我已经到了！"

在第74次赛跑时，兔子再也无法到达终点。它倒在了田地中央，嘴角鲜血直流，它死了。刺猬拿走了那枚金币和那瓶白兰地酒，并将它的妻子从犁沟下方叫了出来。它们俩兴高采烈地一起回家了。

从这个故事中，你可以基于不同视角得到很多不同的教训。但从数字化转型视角来看，你应该得到的教训非常简单明了——不要做兔子！你可能会认为通过变革你的企业（尽管你感到恐慌），不遗余力付出你的一切，利用前面描述的所有昂贵的数字化转型收益框架要素（"催化剂""反应物""反应机理"及它们在"产物"中的表现），你就会像兔子那样拥有更长的腿、跑得更快。但是当你面对一个像刺猬这样的竞争对手时，你迟早会一无所获地"死去"。所以，你应该做一只刺猬，找到你的刺猬妻子，即找到你的竞争对手没有预料到的独特的东西，这将让你在所选的游戏中获得可持续存在的优势。

毕竟，你的目的是赢得这场游戏。我认为，**设计 / 策略**是数字化转型实践中最关键的成功因素。因此，策略在我们所应用的数字化转型收益框架中占据突出地位（见图 3-2）。尽管如此，我仍然决定在本书的第九章才对其进行解释，而不是在一开始就对其进行解释，因为我相信在了解其他数字化转型要素及其关键的收益加速器和减速器之后，再来看"设计 / 策略"要素更有意义。这样，你就知道在你的设计 / 策略中，必须和可以利用什么来打造一条通往你想达到的目的地的端到端的路径。

我坚持认为，制定策略和做出果断选择至关重要，这听起来可能像过去那些理论派和学院派的腔调。那些由客户需求驱动的、高速的、颠覆性的市场动态追随者，或者那些相信快速、敏捷地执行是任何业务最有效完成方式的人，可能会认为我的方法太古板、太陈旧了。但请相信我，根据我在许多数字化转型项目中所看到的情况，事实恰恰相反：在实践中，没有人合理地证明了仅仅虔诚地关注执行（正如一些错误的对敏捷式方法的解释所支持的那样）能够取代好的策略工作。只有通过执行精心设计的策略，你才能实现获取持续竞争优势的目标，而不应该把精力花在一些无法让你与对手拉开差距的渐进式的小修小补方面。在依靠与其他人相同的数字体验和云平台的同时，基准测试或只是简单地满足客户的基本要求，这对于新商业模式的可持续成功来说是不够的。对于拥有众多边缘业务、相邻业务和核心业务的大型企业来说，效果会更差。明确的策略和目标状态，是开始实施任何有意义的数字化转型项目不可或缺的一部分，然而这一基本理念并没有像人们希望的那样被广泛接受。因此，在许多数字化转型项目中，我们经常看到一种状态——一种我认为非常危险的"真空状态"，这已被证明大大增加了转型失败的可能性。经验表明，即使是运行得最好的数字化转型机器，也需要知道这台机器要开向何方，对吧？如果缺乏一个明确的市场制胜策略——寻找能使你的公司相对于竞争对手而言独一无二的东西，作为你那漫长而痛苦的数字化转型之旅的基础——那么，你的数字化转型在开始之前就注定会失败。没有策略，在最好的情况下，或许你会把数字化转型执行得非常好，但是你会发现：你在这个过程中的所有投资都没有给你带来任何相对于竞争对手的优势。你作为兔子，将遇到让你失败的刺猬。

■ ■ ■

为何现在比以往任何时候都更需要一个好策略

但请不要担心，这不是一本介绍战略的书。所以，不要指望我会用冗长的内容来说明我所认为的用于制定市场制胜策略的最佳方法和最新框架。市面上已经有很多讲战略的书了（Mintzberg et al.，1998），而且其数量还在不断增加。在这些书所讲的方法中，我显然有自己的偏好。基于 20 多年战略管理咨询中尝试过的许多不同方法，我决定坚持采用对我自己、更重要的是对我的客户来说效果最好的方法："赢得胜利"方法（Lafley & Martin，2013；Martin，2021）。但无论你最终决定如何制定自己的策略，只要去做就好！我坚信，任何数字化转型失败的最有可能的根源，就是根本没有策略，这本身就是一个（非常愚蠢的）选择。"战略不是你说什么，而是你做什么。"（Martin，2021）但是要注意，战略并不等同于"战略计划"，咨询顾问或内部战略专家在 PPT 中分享了他们对过去的超级复杂分析（试图"煮沸整个海洋"）[①]，但这对你预测未来并绘制路线图没有帮助。真正的战略具有以下特点。

- 是一个创造性的活动，展现了带有清晰目标的理想抱负
- 与你的业务模式和运营模式相匹配
- 这种匹配不能被当前或未来的竞争对手轻易复制

真正的战略将使你（至少在一段时间内）在你所选择的市场中取得可持续存在的优势。

这也意味着，真正的战略不是一项一次性活动。为了使数字化转型取得成功并产生收益，你需要制定的战略应与瀑布式战略规划的错误理解区别开来。我们谈论的是一个反复迭代的过程（这是我同意敏捷学派的地方），在这个过程中，你假设一个潜在的制胜目标状态，并结合对业务模式和运营模式的选择做出一个综合选择。通过以上过程，你可以了解哪些战略有效、哪些战略无效，然后重新开始。更准确地说，你不需要额外的东西来使数字化转型取得成功，而只需要设计你的数字化转型，使其符合能让你赢得胜利的整体战略选择。

[①] "煮沸整个海洋"源自一个古老的传说，传说中有一个疯狂的人试图煮沸整个海洋。这通常用来比喻一项不可能完成的任务或一个过于雄心勃勃的计划，类似于"海底捞针"或"天方夜谭"。在商业和管理领域，这用来描述一种试图一次性解决所有问题或者进行全面改革的过度膨胀的野心或不切实际的做法。

■ ■ ■

数字化战略的意义和谬误

因此，你不会对我的如下反应感到惊讶——当听到有人要求或建议制定数字化战略时，我会感到不可思议。正如前几章所解释的那样，数字化技术会对加速或减速你获得转型收益产生许多影响。显然，你可能会制定一个可以让你获胜的战略，在这个战略中，数字化发挥着突出的作用，因为这些加速器（在对冲减速器的影响后）能够让你在市场上获得其他人无法轻易复制的独特优势。所以不要承受任何人施予的压力：你可能需要因数字时代的到来而修改你的战略，但你肯定不需要也不应该有一个单独的数字化战略。当企业试图为我们之前讨论的每一个催化剂都制定多种战略时——云计算战略、人工智能战略、RPA 战略、认知战略等，情况会变得更糟。在我看来，你可以把这些概念称为你喜欢的任何东西，甚至可以称为阿猫阿狗，但你只是在谈论一种实施方法和计划，它可以而且应该支持你通过战略来选择想要实现的目标。据我所知，在大多数情况下，我们需要把这些概念中的若干个结合在一起，以构建一些独特且不易被复制的东西。

第十章

案例研究：如何实施数字化转型收益框架

为了更好地理解数字化转型收益框架的所有要素在实践中是如何协同工作的，让我简要介绍两个真实的客户最近所开展的数字化转型项目案例。出于对客户隐私的保护等合规方面的考虑，我对案例做了适当的信息脱敏处理，相信你应该能够理解。

■　■　■

案例 1：相邻业务 / 边缘业务的数字化转型

第一个客户是一家公开上市的技术服务提供商，是当前市场上排名前五的公司，也是该领域最大的两家公司的激进挑战者。[①] 该公司现有的服务和客户群增长速度适中，利润率偏低但还可以接受，但在整个环境都在拥抱数字化转型的热潮中，该公司显得缺乏新奇的东西。为了推动向更加数字化驱动的公司转型，该公司 CEO 下了一个赌注，认为该公司所在的行业将很快会出现一个新的 B2B2C 细分市场。他设想了一

---

①　也就是说该公司的行业排名为第三名。

种设计/策略，提议迅速建立一个新的物联网，构建一个独特的云计算和体验技术平台，利用现有经过净化的客户数据，将基于独特的网络安全/数据安全技术开展的领先分析作为催化剂/驱动力，开发物联网服务工具箱环境，以及开放式数字体验技术模式。这种开放式数字体验技术模式将允许第三方（B2B2C 中的第 2 个 B）基于平台上的数据和服务，以较低的成本开发自己的服务，并通过自己的渠道和客户（B2B2C 中的 C）以合理的服务费和良好的利润来销售这些服务。这是基于协同效应的产生对所有相关人员的双赢假设。这种策略被该公司管理层认为颠覆性太大，因此不能从核心业务入手。所以，这家公司在远离总部所在城市的另外一个城市，成立了一家以相邻业务/边缘业务为反应物/反应范围的新公司。它只调派了少数负责核心业务的关键管理人员，并打算重新招聘其余所需人员，这是一支从零开始组建的团队。随后，新公司打造了一个不同的品牌和一种更数字化的文化，具备吸引数字化人才并满足他们需求的所有其他先决条件，包括新的工作方式和新设计的办公环境。为了进一步增强作为加速器的势头，一家 IT 服务公司以整建制模式被并购进来，取得了显著的成功驱动效应。另一家公司负责在创业生态系统中寻找潜在的并购目标，以利用现有的客户关系、分析技术和新的认知技术来进一步提升业务平台能力。由于平台尚不存在，因此该公司建立了一个大规模的混合式反应机理/反应过程来开发它，并制定了清晰的瀑布式路线图来衡量公司、顾问的成功水平，以及你可以想象的敏捷式开发过程中的每个要素。

公司计划成为新的数字细分市场的领导者，将"可复制的参考"作为产物/结果愉快地传达给所有利益相关者，并在其中适当添加一些财务 KPI。

你可能会说：不，我没有看到数字化转型收益。没错！这个模式在启用后不到两年就停用了。开展相邻业务的那家公司现在已经成为历史，所有管理者在项目失败后不久都不得不离开母公司。虽然这个想法本身值得探索，但不幸的是，拖累转型的减速器被严重低估了，所有加速器的失败也都比任何人能想象到的更快到来。母公司核心业务的管理者总是对这种新模式持怀疑态度。很明显，瀑布式方法中定义的时间表和收入预期无法实现，吸引到的合作伙伴规模太小，而且物联网设备也供应不足。从新员工不符合总部人力资源部的要求、CEO 在转型过程中选择离开公司的那一刻开始，核心业务的管理者就开始质疑整个想法。这家公司就再也没有崛起的机会了。这为业界的数字化转型又增加了一个失败的案例。

但这一切并非徒劳无益。如今，新商业模式首先在孵化器中被测试，作为更大创意组合的一部分，它的一个关键筛选标准是：核心业务部门必须愿意成为新商业模式的第一个重要内部客户，并且承诺为相邻业务 / 边缘业务提供支持。一旦新商业模式稳定下来，它就会完全融入核心业务，直到下一个商业模式出现，循序渐进。

为了简单概述，表 10-1 总结了所有要素，并从事后复盘的角度突出了一些选定的加速器和减速器。

表 10-1　相邻业务 / 边缘业务转型的要素（示例）

数字化转型收益框架要素	描述	加速器	减速器
设计 / 策略	• 面向物联网 B2B2C 服务平台的云技术和数字体验技术平台 • 难以复制的现有资产（客户数据宝库） • 先发优势，目前在该领域尚无竞争对手		

数字化转型收益框架要素	描述	加速器	减速器
供应侧催化剂 / 驱动力	• 创新的网络安全 / 数据安全和分析技术 • 标准数字体验 / 云平台中的开箱即用功能	• 以更高的速度和更低的成本构建新平台	• 爆炸式的网络安全 / 数据安全概念和开发成本，以满足监管机构的要求，而这些并不是现成的 • 现有客户数据平台的整合成本被低估
需求侧催化剂 / 驱动力	新的 B2B 细分客户群，旨在以低成本开发为基础，实现低利润物联网商业模式的货币化	具有高增长潜力的、未被开发的 B2B2C 新细分市场	• 由于该细分市场的业务需求激增，导致开发时间和成本激增 • 低估了熟练开发人员的短缺，导致需要使用外部顾问进行构建和转移，这需要大量预算
反应物 / 反应范围	• 在远离总部的新城市，针对相邻业务成立新的子公司	• 快速设置 • 精简结构 • 在不同城市获得新的人才库	• 相邻业务和核心业务之间的文化冲突 • 重整计划和成本未被纳入考虑 • 在商业模式失败后，公司失去核心管理人才，他们离开了公司
反应机理 / 反应过程	• 瀑布式路线图，敏捷软件开发	• 更快的功能开发周期 • 尽早推出最小可行性产品（MVP），以获得先发优势	• 瀑布式路线图和平台渐进式改进之间的摩擦 • 大量的治理成本和与核心业务保持一致的努力
产物 / 结果	• 新实体的收入预测		

■ ■ ■

案例2：核心业务的数字化转型

第二个客户是一家已上市的大型基础设施服务公司，其所有前端和后端流程都运行在一个有15年历史的、过时的内部传统IT系统中。长时间反复的成本削减计划几乎没有对系统进行任何改造，还导致一系列问题产生，其中客户体验严重恶化是首要问题。公司KPI管理者决定启动一场解放性变革，将全公司的重点重新聚焦到客户上。

为此，首席商务官（chief commercial officer，CCO）与其他所有高管达成一致意见，设想了一种旨在提供行业独特的数字体验和云技术支持的客户体验的设计／策略。该策略基于前所未有的产品和服务流程简单性，提供公平透明的价格，从而废除了许多行业的传统复杂关税方案。为了使这一策略成为现实，他们选择了一个单一的创新数字体验技术供应商作为催化剂／驱动力，以实施其大部分开箱即用、预集成的行业解决方案，并实现所需的大幅度改进——尽管人们对该解决方案可以覆盖多少当前的业务模式及需要定制多少并不清楚和表示担忧。基准目标不是参照本行业中的任何竞争对手设定的，而是基于超大规模企业实施的最先进的流程设定的。之所以这样设定，是因为在市场调研中客户多次提到希望对标这些企业。

因此，向所需的目标状态配置转型的反应物／反应范围，涉及所有客户细分和所有服务，但都仅限于核心业务范畴。这是管理层在充分了解其漫长而痛苦的发展历程后一致做出的决定。

由于对供应商交付能力的各种质疑，管理层决定遵循一种非常传统的、基于计划的瀑布式反应机理，首先进行广泛的多维流程设计和项目规划，然后让供应商进入实施阶段。

与第一个案例一样，此公司以成为市场上的数字体验领导者为目标，以瀑布式计划为工作方式，积极地向所有利益相关者传达以"可复制的参考"为表现形式的产物/结果，并附带一份由外部咨询团队制定的"匹配目标"的商业案例。

正如你可能已经猜到的那样，这个项目也遭遇了灾难性的失败。梦寐以求的数字化转型收益从未产生。经过漫长的、多维度和极其复杂的流程设计与规划以确保业务正常运行后，所有参与者都清楚地意识到，供应商的开箱即用、预集成方案并不能满足 80% ~ 90% 的需求——需要定制的比例超过 70%，这对开发时间和预算都产生了重大影响。更重要的是，这使公司对熟练技术工人或外部人员有着巨大的需求。这个项目在实施之前就注定会失败。经过几次高度动态的董事会异地会议，管理层最终决定放弃该项目，供应商被解雇。此后不久，许多各级关键人员离开了公司。与股东就该项目所有的沟通计划，都被悄无声息地逐步取消。

但我要再次强调，该公司的所有努力并非毫无意义。经过一年的重组，一个具有相同目标的新项目启动了，但各种设置与旧项目大不相同。这次，该公司没有选择一个单一的供应商，而是选择了领先的基于云计算解决方案的最佳组合。商业案例被设定为一种主要由自筹资金推动的载体，通过引入一家大型系统集成商，以 30% 的成本改进来激励其替换旧系统。整个开发过程被确立为混合式的，有粗略的路线图和预设的里程碑，但所有集成业务和 IT 团队的工作方式完全是敏捷式的。虽然到目前为止，项目已经经历了许多起伏，但目前的情况比旧项目的情况好不少。尽管如此，数字化转型收益还需要几年时间才能产生，而且该公司要想在未来可能经历的许多顺境和逆境中实现这一目标，还需要具备很强的韧性。

为了简单概述，表 10-2 总结了所有要素，并从事后复盘的角度突出了该项目主要的加速器和减速器。

表 10-2　核心业务转型的要素（示例）

数字化转型收益框架要素	描述	加速器	减速器
设计／策略	● 支持数字化、类似超大规模的客户体验 ● 当前细分行业中的先行者和独特者		
供应侧催化剂／驱动力	● 全新的开箱即用的云计算和数字体验技术平台	● 基于云计算的预集成行业解决方案	● 广告宣传的开箱即用功能与关键业务需求之间存在意外差距
需求侧催化剂／驱动力	● 超大规模企业作为跨行业经验的定标器（基准）	● 最终客户对所有传统行业参与者的不满	● 稀缺技术工人的高薪要求导致需要招聘比原计划更多的外部人员
反应物／反应范围	● 核心业务，涵盖所有细分客户群和所有服务	● 一次性处理问题的最大杠杆，超过 90% 的总收入受到影响	● 需要极其复杂的要求来确保所有部门一切照常BAU（business as usual）
反应机理／反应过程	● 经典的、基于计划的瀑布式	● 具有可衡量里程碑的清晰路线图	● 发现计划偏差的时点太晚，最终被迫取消整个项目
产物／结果	● 运营成本节约和收入增加的商业案例		

第十一章

中小企业的数字化转型收益：
挑战与机遇

正如前面已经解释的那样，本书主要基于（资本市场上市）大型公司的研究和经验。但有些读者可能会问："这对'小'公司有什么帮助？一家像大卫的中小企业，在充满歌利亚那样的竞争对手的市场中，为赢得胜利而奋斗时，可以假设前面谈到的加速器和减速器遵循相同的规则吗？"

答案：是，也不是。

总的来说，我所说的关于数字化转型收益框架中所有要素的内容通常适用于未上市的中小企业，但也有一些特殊性。有些要素会让你的工作更轻松，并且还有额外的加速作用，而另一些要素则会减缓你追求数字化转型收益的步伐。关于成功扩大中小企业的研究文献已经有很多，但我猜未来有人会写一本关于中小企业甚至家族企业数字化转型的有趣的新书。由于我决定在本书中主要关注大型企业，所以在表11-1中简要总结了当你所在企业为中小企业时，可能会对你来说有趣的、有着广泛影响的关键因素。我非常鼓励对中小企业数字化转型感兴趣的研究人员在这个问题上花更多的时间。

在第二部分中，我们已经详细讨论了数字化转型收益框架的要素。

通过表 11-1，你可以回顾相关章节，以更好地理解如何在中小企业中最有效地应用这些要素。

表 11-1　中小企业数字化转型收益框架一览表

框架要素	子类别	中小企业专用加速器	中小企业专用减速器
设计 / 策略		● 不太复杂的策略选择组合，可以更及时地制定制胜策略	● 每一个与市场影响相关的选择，都成为一个更大的"赌注"，因此一旦失败，整个公司所面临的风险就会更高
催化剂 / 驱动力	数字技术能力	● 由于对可扩展性、安全性等方面的潜在要求没有那么严格，低成本技术被体验的机会更多	● 总体平台成本（尤其是实施成本）不一定与规模大小成比例降低，尤其是在实施市场领先供应商策略时 ● 当公司只能支撑有限的几个项目并行实施时，跨技术战略带来的放大性红利更难获得
	劳动力技能	● 技能老旧问题较少，有利于实现更快的劳动力转型	● 现有的技能组合可能更加传统，点燃劳动力转型火花的创新点更少
	融资能力	● 可以更轻松地就多个创新融资工具可选方案进行较小规模的实验	● 没有获得许多更大的融资可选项，特别是与资本市场相关的融资渠道
	客户需求	● 更低的复杂性、更快的产品上市时间，以改善客户旅程的体验	● 客户旅程的期望，是由市场领导者所做的事情驱动的，而客户对市场追随者往往缺乏耐心

框架要素	子类别	中小企业专用加速器	中小企业专用减速器
催化剂 / 驱动力	劳动力期望	• 更少的历史遗留问题、更容易调整的企业文化流程,以满足新型数字化劳动力队伍的需求	• 有许多:比如,雇主品牌识别,要求劳动力从数字化水平高的地域 A 转移到吸引力较低的外围地域 B,则需要加薪
	消费模式	• 新的价值点,以前的中小企业无法解决的问题	• 为了获得最低要求的关注份额,需要付出与所得不成比例的投资
	模糊的行业界限	• 即使对中小企业来说,也能打开一片新的市场,而以前进入同样市场的成本是令人却步的	• 可能大公司也借机进入之前得到较好保护的小众市场
反应物 / 反应范围	核心业务	• 改造传统业务的复杂性和成本可能比之前更低	• 相对而言,一旦转型失败,整个公司需要承担更大的"赌注"与更高的风险
	相邻业务 / 边缘业务	• 一旦取得成功,不太可能出现重整问题	• 如果出现问题,可能会迅速掩盖核心业务
反应机理 / 反应过程	瀑布式	• 在一些中小企业的传统治理结构下,可能匹配起来更自然	• 在一些中小企业的传统治理结构下,可能会增加决策瓶颈
	敏捷式 / 混合式	• 受到传统结构复杂度的影响更小,可能更容易转型为敏捷工作方式	• 在一些中小企业的传统治理结构下,可能是一场叶公好龙式的文化秀

框架要素	子类别	中小企业专用加速器	中小企业专用减速器
产物 / 结果	主观的	更易于分析的规模和复杂度，使得针对所选择的成熟度模型中的相互依赖性有更好地理解	难以逃脱过度简化的诱惑，导致得出错误的成熟度结论
	客观的	应该可以进一步简化复杂性，以更低的平台实施成本实现透明度（例如，用于 NPS 测量或基于云计算的集成规划）	可能需要实施新的测量平台，以分担所有技术能力的问题

第三部分

影响数字化转型收益的 3 类预测因子

第十二章

预测数字化转型的收益：
一个基础方法

我猜一些读者可能会说："**只要提供解决方案就行，请不要再增加复杂性了！**"如果站在他们的位置上，我也会说同样的话。你绝对是对的。在这个决定性问题上，人们会期待从一名战略顾问那里得到更明确的信息。我的初稿中写着："是的，但是……"然而，在德国有一句谚语是这么说的："**你在'但是'之前所说的一切都是谎言。**"所以我决定不做更改。"嗯，这取决于……"肯定也不是你期望听到的答案。

　　我有意这样写，是为了激发你的好奇心，让你更深入地思考，从而对问题的复杂性有更清晰的认识。虽然本书并不打算成为一本无懈可击、经过三重同行评审的科学出版物（使用统计数据其实是一种永远不必承担错误责任的艺术），但我毕竟也是一位商学院的教授。数字化转型收益的目标，要摆脱纯粹由观点驱动的、不顾现实世界实践的数字化转型探讨。因此，在深入挖掘可能影响你的数字化转型收益的潜在预测因子之前，我们需要更好地理解数字化转型与市值或收益之间的普遍关系。

　　无论本书是否要成为科学出版物，任何关于因果关系的严谨声明都不能在没有经过仔细分析的情况下贸然给出。请记住：我们正在寻求这样的信息——在其他条件不变的情况下，能表明"可复制的参考"（数字代理）的改善会导致我们所选择的价值变量［比如市值（MARKETCAP）和未来收益（ROA3Y）］发生变化。尤其是因为我们手中没有因果分析的黄金标准（实验），所以我们必须完全依赖噪声非常大的市场观察数据。这是一项烦琐、乏味且几乎不可能完成的任务。为什么会有噪声干扰？在复杂的商业世界中，有无数因素在影响着公司价值的变化。无论数字化转型计划有多么重要，它从来都不能孤立地存在。不仅如此，你还必须接受一个令人讨厌的现实，即当你进行数字化转型时，你的竞争对手也在进行数字化转型。你只是这场游戏的一部分而已，最终胜负将由最优秀的获胜策略来决定。

我想象得到，你们中的一些人很兴奋，想直接将我们在前面讨论过的针对所有精彩加速器和减速器的复杂定量评估转化为影响市场价值的因果关系。这是本书最初的预览版的第一批读者告诉我的，也是许多典型的"实用"顾问会做的事情。很抱歉，让你们失望了，这并不是本书承载得起的期望。

记住我们在第三章得出的结论：

本书采用的视角主要侧重于两个层面：公司层面、行业／市场层面。我认为只有在这两个层面，数字化转型才可以在不了解组织内部知识的情况下从外部被观察到；而且，只有在这两个层面，针对资本市场价值发展的分析才有可能发生。从外部角度来看，个体层面的信息其实是无关紧要的，而项目层面的信息也缺乏透明度和完整性。然而，当我们讨论数字化转型收益框架的加速器和减速器时，个体层面和项目层面的要素产生了隐含的影响（参见本书第二部分相关章节）。为了呈现数字化转型过程的整体视图，显然在多个场合的讨论中还必须包含行业／市场层面和国家经济层面的宏观视角。特别是在讨论转型驱动力或变革触发点时，这一点尤其重要（本书后文将解释"供应侧催化剂""需求侧催化剂"）。行业/市场层面也是应用统计模型的关键要素之一……

这意味着，在我们精心设计的所有要素及其加速器和减速器之间发生的一切，都不能作为我们分析的基础，除非——这是你作为 CEO 和其他类型的管理者的关键任务——它基于我们整个框架的成功端到端执行的具象化，表现为可见的"可复制的参考"［数字代理（DIGITALPROXY）］、运营 KPI，甚至是向外界直观呈现的财务 KPI。

因此，为了更好地理解数字化转型对公司市值（以变量"MARKETCAP"表示）和未来收益（以变量"ROA3Y"表示）的影响，我投入了大量精力来理解和选择最合适的统计模型，并根据本书所依据的科学研究方法的确定性生成进行稳健性测试（见附录 F）。但是，应该从大量的组合中选择哪个模型呢？幸运的是，我们可以根据当前科学文献和实证研究领域已经达成的一些共识，预先决定需要纳入哪些变量：对于市值分析，我们采用"Ohlson 计量经济学模型"；对于未来收益，我们采用"混合基础计量经济学模型"，详见本书第三章。

但遗憾的是，这些计量经济学模型并没有告诉我们应该使用哪种统计模式，因为它们都没有就变量的特征及其相互作用的性质提供任何明确的指导。它们与因变量 MARKETCAP（表征"市值"）和 ROA3Y（表征"未来收益"）的关系都是线性的吗？还是有其他相关的函数形式？这需要你根据自己的实际情况做出判断。对于我们的商业环境来说，最终答案往往很简单，但实施起来却异常复杂。它们是非参数模型。非参数模型没有预定义的函数形式（相比之下，线性模型基于线性函数）。这并不意味着任何线性（回归）分析都是完全无用的，但是我们需要去验证。至少，通过半参数模型为数字代理引入非参数元素时，或者通过利用机器学习领域的一些最新创新使所有变量完全非参数化时，我们就得验证这些线性（回归）分析中的所有重要初始发现是否仍然成立。

在我们走上这条路之前，根据托雷斯－雷纳（Torres-Reyna）（2020）的建议，我们首先需要确认固定时间和行业效应的存在。这意味着我们需要考虑所分析的特定产业和固定时间之外的变量。我们主要遵循穆汉纳和斯图尔（2010）的意见，为因变量 MARKETCAP（1）和 ROA3Y（5）构建固定的行业 / 时间效应模型作为我们的"主力"解决方案。为了改善模型的统计特性，我们对这两个因变量都进行对数转换（得到 logMARKETCAP 和 logROA3Y）。最后，我们用两个相应的固定公司 / 时间模型（2）和（6）补充我们的分析。其中，固定效应反映在公司层面，而不是反映在产业层面。

为了回应之前讨论的检查非参数特征的需求，我们专门为市值（logMARKETCAP）添加了两个可进一步探索和实验的方法。模型（3）以 STATA（STATA，2020 年）的最新研究结果为基础，并假设至少数字代理不遵循完全线性函数，而所有其他变量仍然是线性的。因此，它为数字代理拟合了一个非参数函数。这样做，在较小的范围内，数字代理不会产生太大差异，大多数观察结果如相应的密度直方图所示（见图 12-1）。然而，在较大的范围内，总体上半参数模型会产生明显较小的置信区间（CI），因此与实际数据相比有更高的拟合度（见图 12-2）。因此，非参数特性似乎很重要！我们不能忽视它们。所以，模型（4）更进一步，对所有变量实施了基于正交森林的广义非参数因果估计（generalized, nonparametric orthoforest-based causal estimate for all variables）。

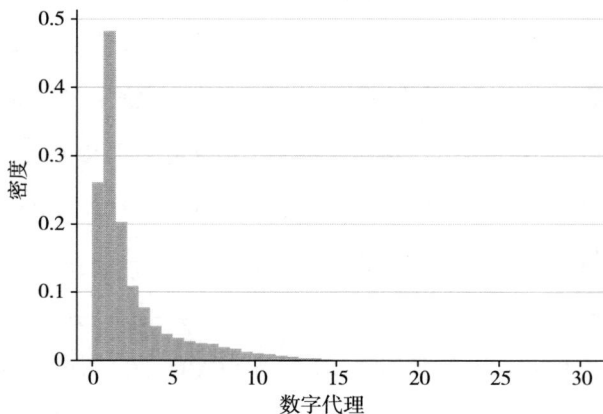

图 12-1　数字代理的密度

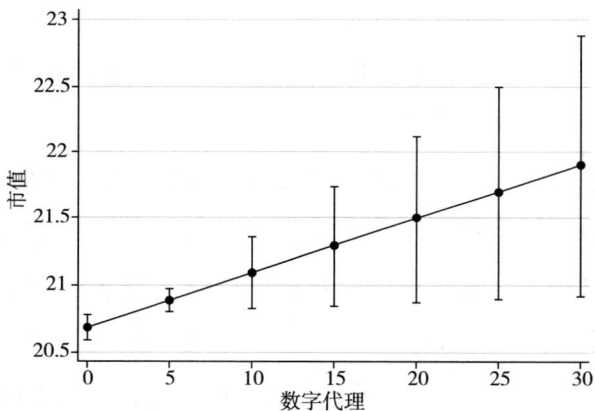

图 12-2　在 95% 的置信区间，市值的线性预测边际分析，

　　"（森林）……估计非常灵活的非线性模型，用于处理效应的异质性。此外，它们是数据自适应方法，适用于数据生成过程的低维潜在结构。因此，即使在呈现许多特征的情况下，它们也可以表现得很好，尽管它们执行的是非参数估计（与样本数量相比，通常需要少量的特征）。

最后，这些方法使用文献中的最新思想，以提供有效的置信区间，尽管它们是数据自适应和非参数性的（见图 12-3）。因此，如果你有很多特征，不知道你的效应异质性是什么样的，而又想得到置信区间，你应该使用这些方法。……正交随机森林（本书简称为 *orthoforest*）是……森林和双重机器学习技术的组合，可以控制高维的混杂变量集，同时在较低维度的变量集上非参数地估计处理效应的异质性。此外，估计值呈现渐近正态分布，因此具有理论性质，使得基于自助启动的置信区间渐近有效。"（*Oprescu* et al., *2019*）

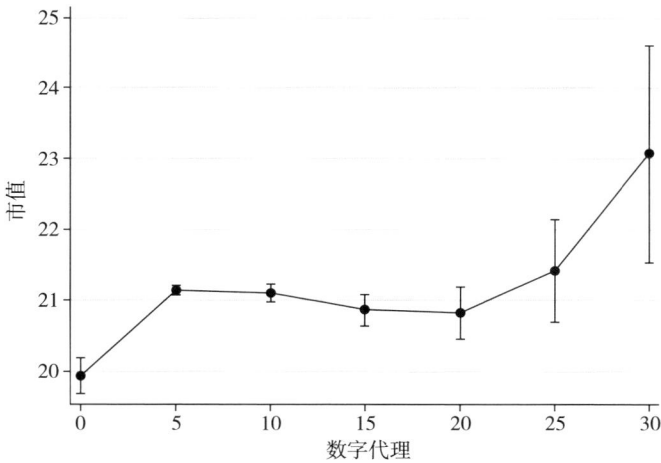

图 12-3 在 95% 的置信区间，市值的非参数预测边际分析

■ ■ ■

数字化转型和市值

在深入探讨市值之前，让我用简单的语言总结一下主要结果，你如

果不想了解细节的话就可以略过这些内容：对于所有公司和报告的分析基本上都达到了目标，我们发现，无论从产业视角，还是从单一公司视角来看，数字代理（DIGITALPROXY）与市值（MARKETCAP）之间存在统计学意义上的相关关系。这并不意味着我们已经证明了任何方向上的因果关系，但这肯定是一个起点：我们至少很欣慰地知道，无论你使用哪种统计模型，一个产业或公司在数字代理（DIGITALPROXY）上的得分越高，其市值（MARKETCAP）就越高。

进一步研究市值（logMARKETCAP），大多数结果（见表 12-1）证实了我们对数字代理（DIGITALPROXY）和我们选择的大多数其他解释变量之间有统计上相关关系的希望。正如预期的那样，根据实践经验和希望，这些模型的数字代理（DIGITALPROXY）的平均系数 > 0。我们的主力模型显示出令人满意的统计显著性（$**p < 0.05$）。对于如此复杂的市场观察数据，以确定性系数 R^2（0.3072）[1] 衡量的解释力非常强。半参数（3）和非参数模型（4）显示了增加数字代理（DIGITALPROXY）对市值（logMARKETCAP）的影响更大。所有财务和非财务变量的含义

---

[1] 这里的确定性系数 R^2（即 R-squared）、表 12-1 的组内确定性系数（within R-squared）、表 F-2 的中心化确定性系数（centered R-squared）和非中心化确定性系数（Uncentered R-squared）的含义如下。

R-squared 或 R^2，用来衡量回归方程所有自变量变化所能导致的因变量变化百分比，是衡量自变量对因变量解释能力的指标。它的值在 0 到 1 之间。0 表示因变量不会随着自变量变化而改变，1 表示所有自变量的变化能够完全导致因变量的变化。因此，这个指标越接近 1，说明模型的拟合效果越好，即自变量能够解释因变量变异的百分比越高，解释力越强。

组内确定性系数用于衡量在只考虑个体固定效应后，回归模型对组内变化的解释程度。与之对应的是 overall R-squared（整体确定性系数），它表示在不考虑个体固定效应时，回归模型对整体的解释程度。

中心化确定性系数是调整后的确定性系数，它考虑了自变量的数量和样本量。中心化确定性系数的目的是消除自变量数量和样本量的影响，从而得到一个更稳健的拟合优度指标。

非中心化确定性系数是指不考虑自变量数量和样本量的确定性系数。与中心化确定性系数不同，非中心化确定性系数可能会因为自变量数量的增加而变得很大，即使模型并没有很好地拟合数据。

从它们的命名上看基本都是一目了然的，如果有任何疑问，你可以回顾一下我在第三章中对所选模型的解释。

表 12-1　市值（logMARKETCAP）的主要统计模型的结果

模型	（1）行业 / 时间固定效应	（2）公司 / 时间固定效应	（3）半参数（数字代理）	（4）非参数正交森林
变量	**市值**			
数字代理（DIGITALPROXY）	3.844e-02**	3.021e-02***	2.450e-01***	8.6177e-02#
	（1.822e-02）	（1.043e-02）	（2.589e-02）	
股东权益总额	4.422e-11***	1.858e-11***	省略	
	（1.569e-11）	（3.226e-12）		
净利润	1.02e-10**	3.716e-11***	1.04e-10***	
	（4.232e-11）	（6.593e-12）	（1.825e-11）	
累计其他综合收益	-9.68e-11**	3.980e-13	省略	
	（4.469e-11）	（9.327e-12）		
股息支付	-1.74e-10*	-1.542e-11***	-1.82e-10***	
	（1.05e-10）	（5.285e-12）	（6.95e-11）	
变动权益	-2.43e-10***	-1.891e-11***	-2.46e-10***	
	（5.32e-11）	（5.637e-12）	（4.765e-11）	
收入增长	-1.01e-05	7.86e-05***	-2.77e-06	
	（3.29e-05）	（2.37e-05）	（4.00e-05）	
滞后的资产收益率（L1 ROA）	2.994e-01**	3.844e-02**	2.999e-01**	
	（1.246e-01）	（1.942e-02）	（1.190e-01）	

模型	（1）行业/时间固定效应	（2）公司/时间固定效应	（3）半参数（数字代理）	（4）非参数正交森林
净债务	9.628e-12**	1.923e-12*	省略	
	（4.533e-12）	（1.119e-12）		
投资资本增长	9.26e-07***	9.05e-08**	9.38e-07***	
	（6.96e-08）	（4.55e-08）	（1.06e-07）	
账面市值比	−8.932e-04***	−5.520e-04**	−8.815e-04***	
	（2.202e-04）	（2.261e-04）	（2.436e-04）	
极性	2.105e+01***	7.222e+00***	2.065e+01***	
	（3.668e+00）	（1.285e+00）	（1.083e+00）	
主观性	−2.647e+01***	−4.621e+00***	−2.580e+01***	
	（3.233e+00）	（1.220e+00）	（9.618e-01）	
收益日期变动	−7.464e-04***	−1.030e-04***	−7.461e-04***	
	（7.29e-05）	（3.07e-05）	（2.17e-05）	
确定性系数（R^2）	0.425 6	0.928 6		
组内确定性系数	0.307 2	0.038 0		
基本固定效应	行业	公司	行业	行业
时间固定效应	年	年	年	年
集群标准错误	行业	公司	行业	
观察值	22 176	22 176	22 176	22 176

注：1. 括号内的数字是稳健标准误差。

2. ***$p<0.01$；**$p<0.05$；*$p<0.1$ # 平均因果估计值：在所有关键反馈检验中都较稳定（实施情况见附录 F）。

3. L1= 滞后一个周期。

4. 表格中的空白表示不可用或不适用。

数字化转型与未来收益

如何用简单的语言来总结关于未来收益的研究结果呢？整体来说，对于分析的所有行业／产业，数字代理（DIGITALPROXY）与以 logROA3Y 衡量的未来收益之间存在某种程度的统计相关性。但该结果的统计解释力非常弱，呈霰弹状分布，这意味着有许多未涵盖的其他因素具有更强的影响。如果从公司层面来看，影响就更为随机了——各种负面影响和正面影响都有，因此没有统计学上的意义，结果的解释力就更弱了。

所有这些结果至少应该起一种警示作用，即对于一个产业或公司在数字代理（DIGITALPROXY）上的高分，我们不能假设这会自动促成任何可以规划的未来收益，这些结果既不像悲观主义者认为的那样会出现负面的初步下降，也不像其他数字化转型书籍有时声称的那样会明确显示出重大的利润贡献关联。但你可以肯定一点：相对于任何收益改善的指标，你更期望和依赖于数字化转型所传递的市场价值。

对于未来收益（logROA3Y）的详细信息，只有行业模型（5）显示了数字代理（DIGITALPROXY）所需的统计显著性（$***p < 0.01$）。然而，当你分别查看确定性系数 R^2 的值时，模型（5）和（6）的统计解释力并没有那么令人信服（见表 12-2），分别是 0.0264 和 0.0172。其他变量的含义从它们的命名上基本都是一目了然的，如果有任何疑问，你可以回顾一下我在第三章中对所选模型的解释。

表 12-2 未来收益（logROA3Y）的主要统计模型的结果

模型	（5）行业/时间固定效应	（6）公司/时间固定效应
变量	未来收益	
数字代理	2.696e-02***	1.620e-04
	（8.474e-03）	（1.295e-02）
总资产	−1.125e-12**	−1.666e-12***
	（4.845e-13）	（5.617e-13）
净利润	6.34e-11***	7.36e-11***
	（1.520e-11）	（1.238e-11）
净利润增长	3.850e-04*	5.167e-04***
	（2.042e-04）	（1.881e-04）
收入增长	−4.299e-04*	−5.769e-04***
	（2.279e-04）	（2.100e-04）
极性	−1.952e+00	1.274e+00
	（1.370e+00）	（1.365e+00）
主观性	−8.620e-01	−2.865e+00**
	（1.047e+00）	（1.188e+00）
收益日期变动	−5.55e-05***	1.02e-06
	（2.05e-05）	（3.14e-05）
确定性系数（R^2）	0.420 9	0.768 8
组内确定性系数	0.026 4	0.017 2
基本固定效应	行业	公司
时间固定效应	年	年
集群标准错误	行业	公司
观察值		

注：1. 括号内的数字是稳健标准误差。

2. ***$p<0.01$；**$p<0.05$；*$p<0.1$。

3. 表格中的空白表示不可用或不适用。

■ ■ ■

迈向因果关系的一些微小步骤

行文至此，你可能产生如下疑问：我们真的必须放弃对因果关系的追求吗？即使是对在统计学意义上有显著相关性的市值来说也是如此吗？幸运的是，还不用。我们可以做一些事情来为我们的主力模型和非参数正交森林估计提供更清晰的图景，以建立对任何指示性因果关系主张的更多信心。

表 12-3 总结了与非实验数据相关的因果关系要求及为减轻任何障碍影响而进行的简单稳健性测试。我已经省去了大部分关于这是如何完成的说明及它们背后理论的技术细节，而是将其移到了附录中。正如你在简要概述中看到的，结果并不是 100% 确定的，但仍然是很有希望的。显然，通过我们选择的大多数实际的稳健性测试，我们无法真正证明任何因果关系。然而，我们的分析至少应该使我们更加确信数字化转型和市值之间不仅在统计学意义上具有显著相关性，甚至还可能具有因果关系。这使得你的数字化转型加速器和减速器值得研究，以提高对公司股东的价值。

表 12-3　因果关系指示的稳健性测试

因果关系 / 稳健性测试 的要求	相关性分析	敏感性分析 （见附录 F）	工具变量分析 （见附录 F）	基于经验动态建模的影响方向检查（见附录 F）
关联：独立变量和相关变量之间的经验或观察到的关联	● 对于市值正向显著影响 ● 不清楚和部分影响 ● 对于市值影响不显著			
时间顺序 / 方向：自变量的变化先于因变量的变化——原因必须先于假定的影响，而且影响的方向是明确的	● 面板数据（panel data）所使用市值（log MARKETCAP），是从数字代理成为公众所知（申请日）后的理论第一秒起计算 ● 未来收（logROA3Y）是数字代理的年末值加上未来两年的平均值			● 数字代理 >>> 市值（logMARKETCAP） ● 由于缺乏显著相关性，未检查未来收益（logROA3Y）
非虚假性：两个变量之间的关系不因第三个变量的变化而改变，所以看似直接的联系，实际上并非如此		● 市值的混合 ● 由于缺乏显著相关性，未检查未来收益（logROA3Y）	● 市值的稳定 ● 由于缺乏显著相关性，未检查未来收益（logROA3Y）	

注：1. 表格中的空白表示不可用或不适用。

2. >>> 箭头表示找到有解释力的方向。

■ ■ ■

潜在预测因子：认清你的起点

现在我们知道，总体而言，数字化转型似乎对（市场）价值创造有影响，它们之间有一些初步的因果关系迹象。但是，这就像把一个统计学家的头放在烤箱里，脚放在冰窖里，他会说："总的来说，我感觉很舒服。"这对我们来说并没有太大的帮助，只是让我们基本感到数字化转型可能是值得的。

因此，本书的第三部分更进一步，试图帮助你根据你的起点位置更好地理解你的数字化转型收益。为了做到这一点，这部分对数据集进行了更深入的研究，并试图提炼出 3 种潜在的预测因子，以预测你的数字化转型收益。

为了管理可能无限多的数字化转型收益预测因子的复杂性，基于大量的基础研究，我将这些潜在的预测因子划分为 3 个简单的组别，并在第三部分的后续章节中进行更详细的解释。

1. **市场**：你的产业 / 行业

2. **财务**：你的资产负债表和利润表

3. **沟通**：你的沟通方式

我们都知道，在正常的不确定的市场环境中，有许多尚未形成的新战略和外部冲击，人们不能指望从过去预测未来，更不能指望从试图描述别人所做事情的模型中预测未来。然而，首次研究这种弹性使我们能够了解其他公司（我们数据集中的那些公司）如何根据它们的背景和行为来推进其数字化转型工作。这给了我们更多的信心和知识，以便我们可以在此基础上，面向未来形成自己的数字化转型概念。你可以更好地了解其他人过去的表现，并相应地将其反映在你的战略中，无论是通过更努力地达到加速器和减速器之间的平衡，还是通过整合额外的风险对冲，或两者兼而有之。

第十三章

行业视角：数字化转型收益的影响因素

你可能会想：之前讨论的所有知识也适用于我的产业或行业吗？因此，这自然会引出第一类预测因子。当然，实践经验和常识表明，数字化转型的强度和时间点因产业而异。好消息是，有了本书的独特数据作为基础，我们不必依赖直觉。虽然回顾历史显然并不意味着适用于未来，但我们至少可以简单地总结过去！

■ ■ ■

它只会向上发展（用于数字化转型的"可复制的参考"）

在我们开始行动之前，让我们调查一下随着时间推移的总体发展情况。尽管 2011 年至 2020 年的数据存在大量的噪声（见图 13-1），但我们已经可以直观地识别出作为数字化转型代理的"可复制的参考"的平均值的上升趋势（见图 13-2），这反映了在数字化转型热潮爆发之后预期的增长（2017 年得分最高）。

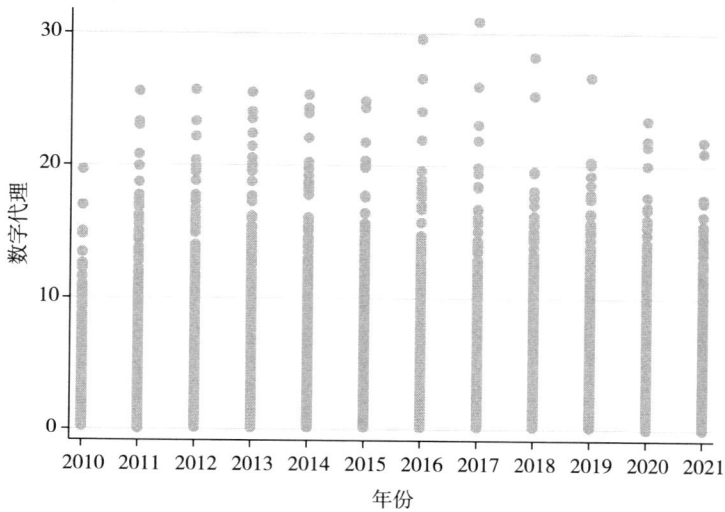

图 13-1　数字代理随时间变化的噪声

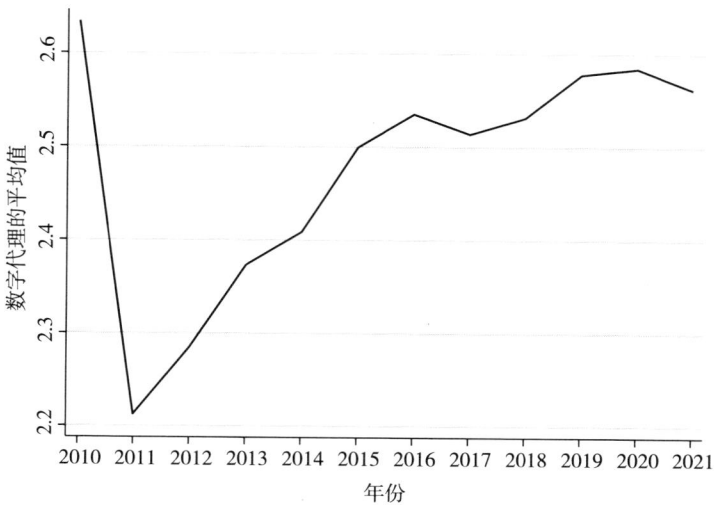

图 13-2　数字代理的平均值随时间的变化情况

不同的产业所创造的数字化转型收益不同

产业视角的深度研究——尤其是行业类别（industry category）视角，证实了我们基于硬数据的预期。

很显然，那些数字化程度高的候选行业（例如，计算机硬件、计算机软件与服务、耐用消费品、互联网、媒体和电信业）显示出与更为传统的行业（例如，汽车、化学、制药、公共事业、保险和能源）截然不同的趋势和更高的平均值，如图 13-3 所示。

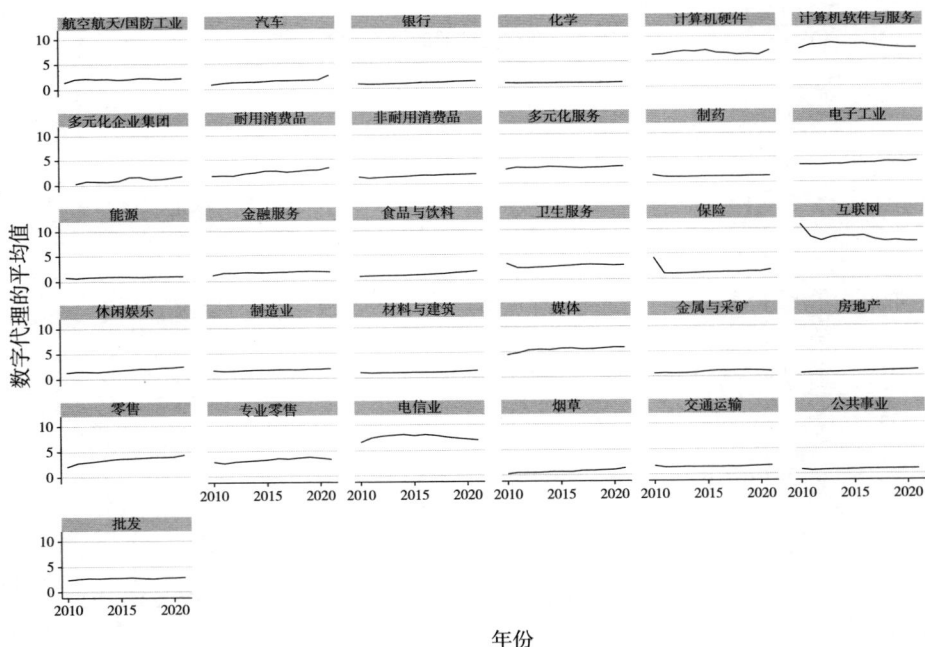

图 13-3　按行业组别分类的数字代理的差异

显然，并非所有行业都以相同的方式、同样的热情在同一时期踏上数字化转型之旅。虽然这很有趣，也证实了我们的怀疑，但这显然没有给出我们一直在寻找的答案：我们想知道是否可以根据行业类别找到实现市值影响所需的不同的努力，基于历史数据集从非完全因果但相关的角度能找到一部分答案。

在颗粒度更细的行业组别上，我们似乎可以找到一部分答案。通过将这些行业组别的相互作用添加到主模型（1）的数字代理中，我们可以根据每个组别互动来估计相关系数，并检查每个组别的统计稳健性。并非所有的组别都是稳健的，但我们仍然可以从简化概述中得出适用于具体情况的指示性发现（见表 13-1）。

表 13-1　行业组别视角的交互结果

与数字代理交互的行业组别总效应	消极影响	积极影响
统计上显著	● 航空航天与国防工业 ● 能源 ● 计算机硬件 ● 耐用消费品 ● 电子工业 ● 食物与饮料 ● 保险	● 汽车 ● 银行 ● 计算机软件与服务 ● 多元化企业集团 ● 非耐用消费品 ● 多元化服务 ● 制药 ● 金融服务 ● 卫生服务 ● 互联网 ● 休闲娱乐 ● 制造业 ● 材料与建筑 ● 媒体 ● 金属与采矿 ● 房地产 ● 专业零售 ● 电信业 ● 交通运输 ● 公共事业 ● 批发
统计上不显著	● 化学 * ● 零售 *	● 烟草

注：* 表示与基础斜率差异不显著（见附录 F）。

将新的数字代理（DIGITALPROXY）系数（现在作为基线，变为负值）和交互作用的影响相加，可以实现积极影响／消极影响的聚类。正如你所看到的，并非所有行业组别都是相同的。对于某些行业组别，你可以在统计学意义上看到，与其他所有估值模型参数相比，其数字化转型努力与市值之间的相关性高于其他行业组别。有些是预期内的赢家，例如计算机软件与服务、互联网和电信业；但也有一些意想不到的赢家，例如金属与采矿、公共事业；还有一些输家，例如能源和计算机硬件。为了节省你的时间，我在这里就不一一列举了，而是将详细的结果放在附录 F 中，你有兴趣则可查阅。你还可以在附录 F 中找到你的行业组别相关性的数量级。但是请注意，正如前面已经提到的，这个结果并不适用于预测一定会发生什么；它只是给你一些提示，说明我们的数据集在历史上曾对其他人产生了怎么样的相关性影响。

第十四章

财务分析：如何通过财务报表
评估转型收益

行业组别只是基于外部可观察特征对不同公司进行分类的一种可能角度，更容易使用的是我们分析的公司的财务 KPI，它将能够帮助我们更好地理解这些公司所处的环境。幸运的是，得益于计量经济学模型的进步，我们可以基于正交森林因果估计模型（见第十二章）对数字代理（DIGITALPROXY）在市值（logMARKETCAP）上进行详细的弹性分析。在这里我省略了具体的技术细节（在附录 F 中可以看到更多解释）。简而言之，这有助于回答这样一个问题——在我们的数据集上，数字化转型工作的相关性影响（及指示性的因果关系）是如何根据不同的可观察的财务 KPI 及其特征（例如，负净利润、接近零的净利润与高净利润）而发生变化的。

表 14-1 显示了基于市值（logMARKETCAP）弹性和风险标志（***=最低风险）的结果，这表明预测不如人们所希望的那么准确（就置信区间的宽度而言），适用于所有主要的运营 KPI。鉴于此类分析仍处于早期阶段，未来的研究应该对此有进一步扩展，并且必须谨慎解释。

无论如何，你可以清楚地看到所有的主要变量，然而，公司的背景严重影响了弹性及与数字化转型相关的风险，正如在平均效应的置信区间内所测量的那样。因此，你可以选择自己公司的一些特征作为标记，并且至少可以找到数据集上其他公司在其数字化转型收益方面的表现的况。

表 14-1　关键变量基于正交森林的弹性结果

财务变量 / 特征	小于 0	0 左右	大于 0	远大于 0
股东权益总额	正值 **	正值 ***	正值 ***	正值 ***
净利润	正值 **	正值 **	正值 **	正值 **
累计其他综合收益	正值 / 远低于负值 / 低于	无结论 **		
股息支付	负值 **/ 远低于正值 **/ 低于	正值 **		
变动权益	无结论	无结论	无结论	无结论
收入增长	无结论	无结论	无结论	无结论
滞后的资产收益率	波动 *	负值 *	正值 *	正值 *
净债务	正值 **	正值 **	正值 **	负值 **
投资资本增长	无结论	无结论	无结论	无结论
账面市值比	负值	正值 *	负值 *	负值 *

注：*** 为紧置信区间（非常确定）；** 为中置信区间；* 为宽置信区间；没有标注 * 符号的表示非常宽的置信区间（非常不确定）；[①] 空为不适用。

[①] 这一行的意思是，对于上表各有内容但内容右上角没有标 *、**、*** 的项，作者认为该项的结论是非常不确定的。

关于如何阅读表 14-1，有以下 3 个简单的例子。

1. 你的股本较低且净利润为负：具有类似特征的公司已经证明，其数字化转型努力（以 DIGITALPROXY 衡量）与市值之间呈正相关性，但具有中等的不确定性（**CI）。

2. 你支付高额股息：具有类似特征的公司已经证明，其数字化转型努力（以 DIGITALPROXY 衡量）与市值之间呈负相关性，具有中等的不确定性（**CI）。

3. 你的账面市值比为负：具有类似特征的公司已经证明，其数字化转型努力（以 DIGITALPROXY 衡量）与市值之间呈负相关性，具有非常高的不确定性（无 *CI）。

■ ■ ■
财务状况很重要：本来是什么，就是什么

在大量可用的财务分析方法中，本书重点介绍 Ohlson 计量经济学模型（见第三章和附录 E）。

请记住，我们使用以下模型来估算市值，所有财务变量的含义从它们的命名上看基本都是一目了然的，极性（POLARITY）和主观性（SUBJECTIVITY）作为非财务情绪变量将在下一章中讨论。DELTAEARNINGSDATE 是一个纯粹的控制变量，因此不再进一步评估。

$$MARKETCAP_{jt} = b_0 + b_1 DIGITALPROXY_{jt} = b_2 TOTALEQUITY_{jt}$$
$$+ b_3 NETINCOME_{jt} + b_4 ACOI_{jt} + b_5 PAYMENTOFDIVIDENDS_{jt}$$

$$+b_6DELTAEQUITY_{jt}+b_7REVENUEGROWTH_{jt}+b_8ROA_{jt-1}$$

$$+b_9DELTAEARNINGSDATE_{jt}+b_{10}POLARIY_{jt}$$

$$+b_{11}SUBJECTIVITY_{jt}+b_{12}BOOKTOMARKET_{jt}$$

$$+b_{13}INVESTEDCAPITALGROWTH_{jt}$$

$$+firm \,|industry+interactions+year+e_{jt}$$

对于这些变量，我们具有以下发现。

- 股东权益总额（TOTAL EQUITY）：数字代理（DIGITAL PROXY）的弹性值取决于股权的账面价值，在所有情况下似乎都为正，具有中等确定性（中等置信区间），并且随着公司规模的缩小而下降，如图14-1所示。在大范围内，这种效应几乎变为平缓，并且具有很大的确定性（非常紧密的置信区间）。显然，规模较小的公司（至少从股权角度衡量）在这方面有一些优势。

- 净利润（NET INCOME）：净利润显示出，正的数字代理（DIGITALPROXY）弹性值具有中等不确定性，一旦净利润增长，弹性值就会急剧增加，然后保持为正值，但当净利润从中等变为非常高时会有相当大的波动，如图14-2所示。至少就我们的数据集而言，这似乎表明投资者已经将数字化转型与未来（增长）潜力联系起来，即使是在净利润非常低或为负的公司中也是如此。

- 累计其他综合收益（AOCI）：AOCI总体上似乎对数字代理（DIGITALPROXY）具有不确定性增强的弹性效应。数字代理的弹性值越高（在这种情况下以负数表示），置信区间越宽，如图14-3所示。因此，如果你的资产负债表上有大量的AOCI，你就要小心了。

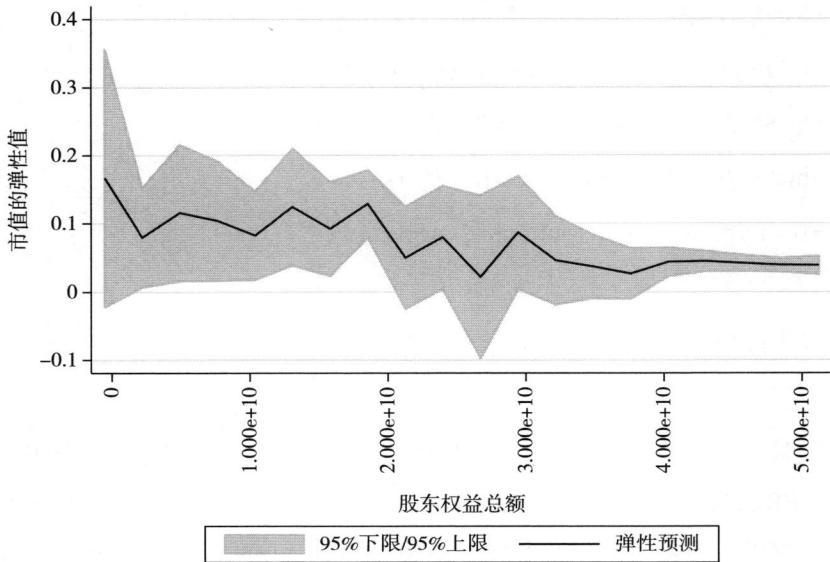

图 14-1 "数字代理"弹性——"股东权益总额"

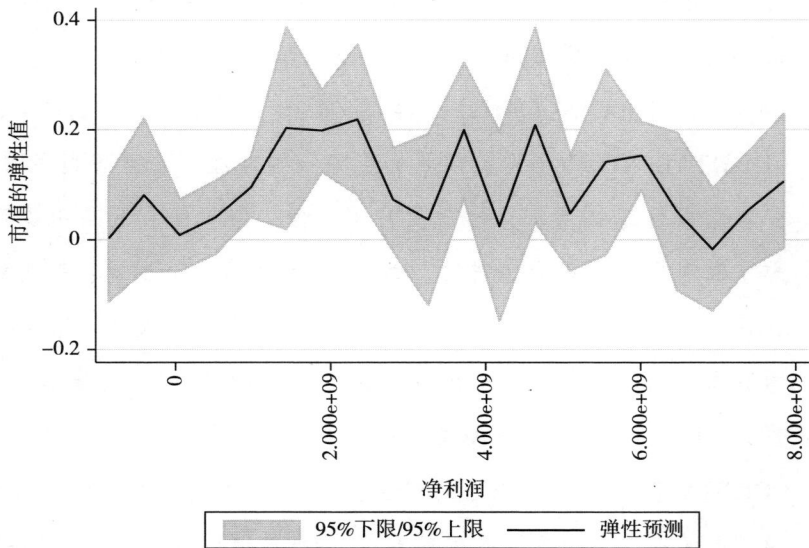

图 14-2 "数字代理"弹性——"净利润"

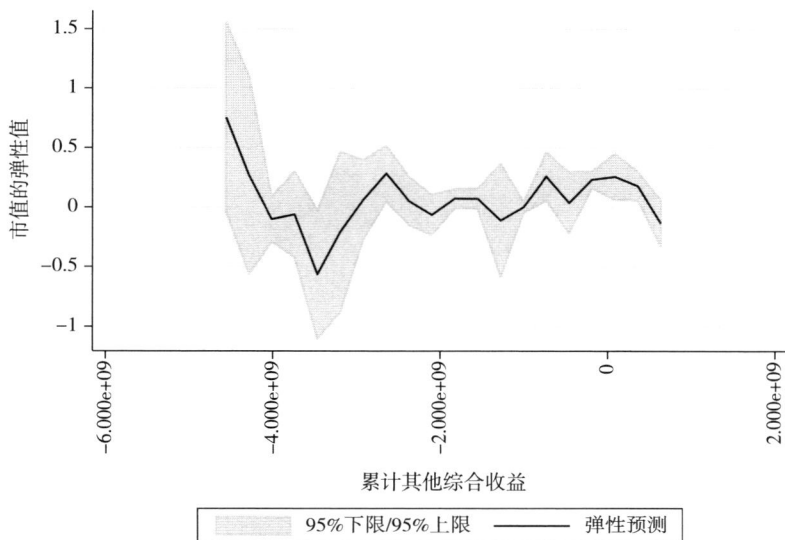

图 14-3 "数字代理"弹性——"累计其他综合收益"

- 股息支付（PAYMENT OF DIVIDENDS）：股息支付支持这样一种直观的想法，即高股息支付的公司（在这种情况下用负数表示）对数字代理（DIGITALPROXY）的弹性值为正值的很少，甚至为负值，如图 14-4 所示。当向股东支付更高的股息时，至少在我们的数据集中，数字化转型更难以产生收益。

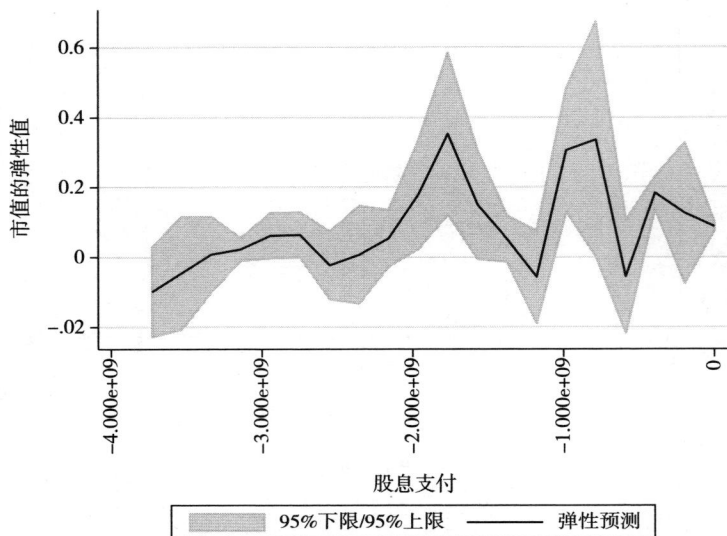

图 14-4 "数字代理"弹性——"股息支付"

- 变动权益（DELTA EQUITY）：股权变化没有为我们关于弹性的讨论提供任何相关的明确结论。它可以以非常宽的置信区间使数字代理（DIGITALPROXY）的弹性朝两个方向移动，如图 14-5 所示。
- 滞后的资产收益率（L1 ROA）：如果为负，则前期的 ROA 严重阻碍了公司实现数字代理（DIGITALPROXY）的正向弹性影响的能力，尽管存在相当大的不确定性（宽置信区间）且波动相当大。这种情况只有在证明了 ROA 为正时才会发生改变，但不确定性仍然存在，如图 14-6 所示。

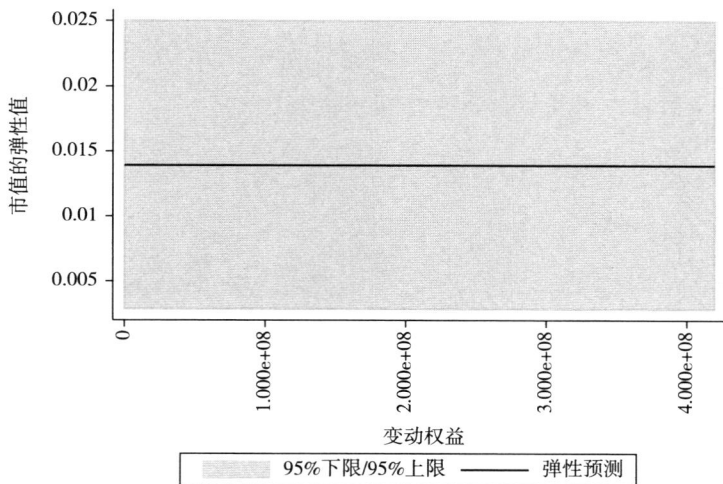

图 14-5 "数字代理"弹性——"变动权益"

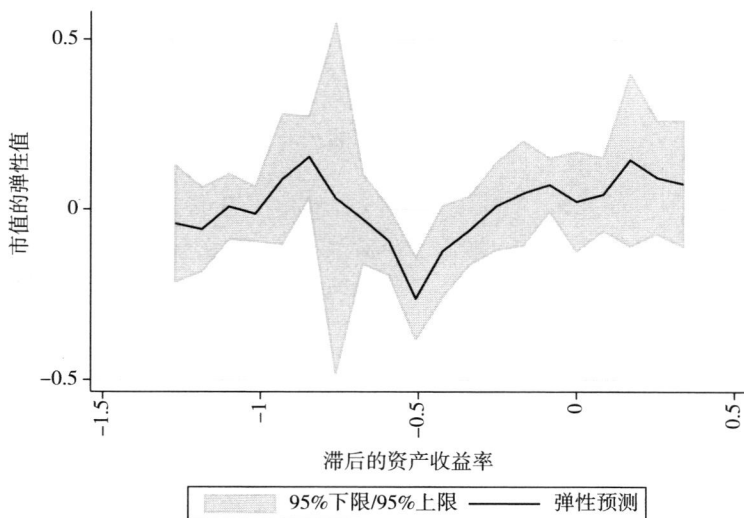

图 14-6 "数字代理"弹性——"滞后的资产收益率"

- 收入增长（REVENUE GROWTH）：不幸的是，收入的增长并没有给我们带来任何进一步的明确结论，如图 14-7 所示，因为从可视化图表中无法识别出任何明确的模式。

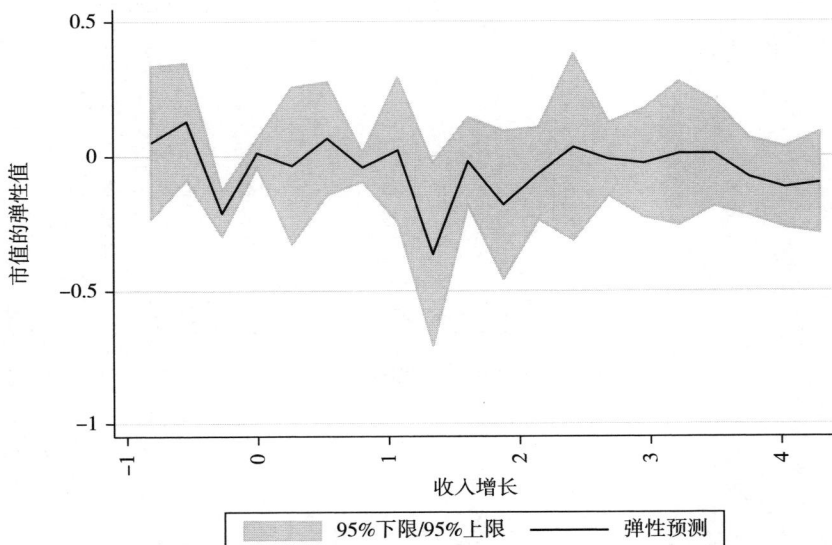

图 14-7 "数字代理"弹性——"收入增长"

- 净债务（NET DEBT）：当低于/接近零时，数字代理（DIGITALPROXY）的净债务弹性影响仍然保持稳定的正值，不确定性有限，但随着净债务的增加而急剧下降至负值，如图 14-8 所示。显然，至少对于我们数据集上的公司而言，当背负大量债务时，股东并不欣赏关于数字化转型的努力。
- 投资资本增长（INVESTED CAPITAL GROWTH）：由于在整个范围内存在非常大的波动性和不确定性，因此投资资本增长几乎没有提供任何明确的结论，如图 14-9 所示。

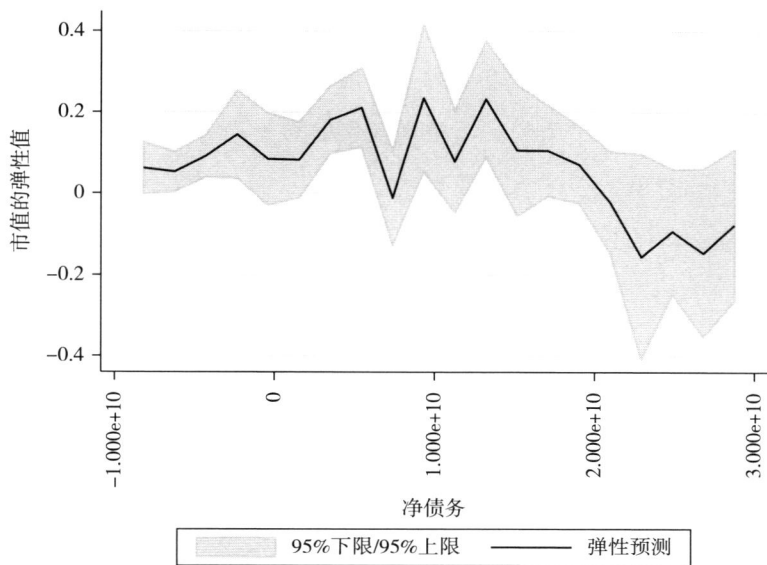

图 14-8 "数字代理"弹性——"净债务"

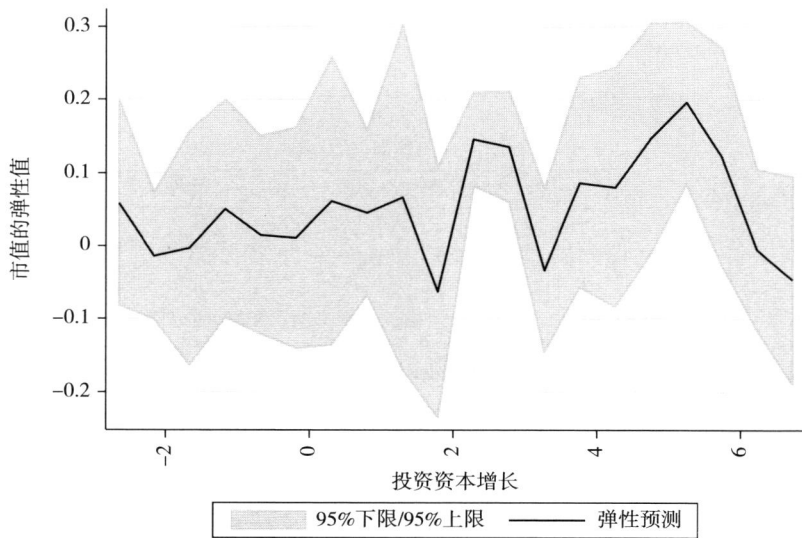

图 14-9 "数字代理"弹性——"投资资本增长"

- 账面市值比（BOOK TO MARKET）：账面市值比是有趣的，因为显然对于我们的数据集上的公司来说，与账面价值相比，市值非常低的公司在其平均值上面临着数字化转型努力（DIGITALPROXY）的负向弹性，但不可否认的是，相反的情况发生的可能性也很大，如图 14-10 所示。

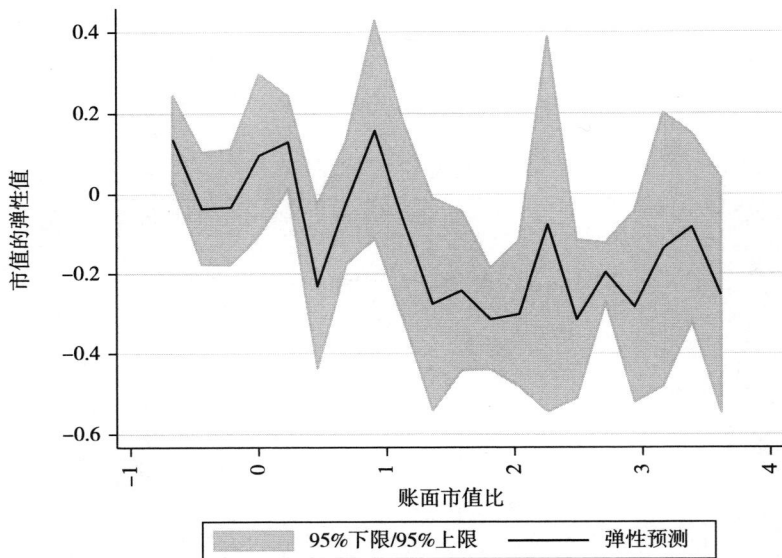

图 14-10　"数字代理"弹性 ——"账面市值比"

综上所述，即使我们不得不接受所有的不确定性——因为现实企业经营管理就是一团糟，而且考虑其他公司过去的数据显然不能保证你在未来也会得到同样的结果—— 一个关键的学习点仍然是：对于所分析的公司来说，不仅它们所处的行业决定了它们从数字化转型中获得更高收益的能力，而且它们的资产负债表的特点和优势也决定了它们从数字化转型中获得更高收益的能力。股东似乎能理性地看待公司经营的整体环境，并相应地调整他们对数字化转型努力影响假设的看法。因此，在评估你的数字化转型计划的收益潜力时，你的财务状况成为一个关键因素。显然，这种评估角度并不总是有利于传统的、高股息支付和资产密集型公司。

第十五章

沟通与数字化转型：
影响投资收益的交流策略

本书及其背后的基础研究强调分析公司对其数字化转型的看法，这是我认为的目前为止市面上所有图书中衡量真实数字化转型状况的最佳指标。为此，我们大量使用了数字代理变量，通过计算我们在公司年报中称为"可复制的参考"的指标来衡量公司对其数字化转型的努力。迄今为止，有关公司如何表达它们对数字化转型的看法（它们如何唱它们的数字化转型之歌）的更多信息仅以极性（POLARITY）和主观性（SUBJECTIVITY）情绪控制变量的形式存在。它们都与市值（logMARKETCAP）和未来收益（logROA3Y）呈显著的正相关性。

但是，随着非参数模型提供了更多的分析机会，我们可以提出一些更有趣的问题。

- 基于我们的历史数据集对财务参数的分析，可以推断出哪些情绪弹性？
- 我们是否能够进一步理解所说内容的具体程度，即我们所说的量化水平弹性？

对于情绪弹性，我们只需重新采用与我们之前进行的财务分析相同的方法（见附录 F），并将其用于分析极性（POLARITY）和主观性（SUBJECTIVITY）。

对于量化水平的弹性，情况要复杂一些。对分析报告中的所有数字化转型字典命中进行了一项更复杂的依赖性分析（见附录 D）。这项调查简单地使用了自然语言处理的最新成果，即所谓的依赖关系分析器，来搜索数字代理命中的、基于语法的紧密依赖关系，无论是日期还是货币术语，并将这些关系以百分比形式与数字代理联系起来。换句话说，它测量、发现并进一步指定由日期（例如，"我们将在 2021 年 1 月前实施机器人流程自动化 RPA"）或货币数值（例如，"我们的云迁移计划将节省 1000 万美元"）产生的数字代理份额。为了缩小本书的分析范围，在最初为描述原始研究中的具体性而提出的 3 个概念性测量中，只使用了具有密切语法依赖关系（少于 5 个语法弧；见附录 D）的两个测量 [基于时间术语的量化水平测量（D_CLOSE_D）和基于货币术语的量化水平测量（D_CLOSE_M）]。

由于这些变量不是本书主要模型的一部分（主要是因为在主要模型中，它们在统计学意义上远不具备显著性，p 值很高，p > 0.2），因此我们在实验中将其添加到一个单独步骤中，形成一个新的完全非参数模型，包括基于时间术语的量化水平测量（D_CLOSE_D）和基于货币术语的量化水平测量（D_CLOSE_M）。然后，以与之前相同的方式运行该模型以获得弹性。

我用与上一章财务数据相同的格式总结了所有结果，如表 15-1 所示。随后，我们将更详细地讨论识别出的弹性的图形输出。

表 15-1 基于正交森林的沟通弹性影响

文本变量/特征	小于 0	0 左右	大于 0	远大于 0
极性			负值 *	正值 **
主观性			无结论 *	负值 **
基于货币术语的量化水平测量		无结论 *	无结论 *	无结论 *
基于时间术语的量化水平测量		无结论 *	无结论 *	正值

注：*** 为紧置信区间（非常确定）；** 为中置信区间；* 为宽置信区间；没有标 * 符号的为非常宽的置信区间（非常不确定）；[1] 空为不适用。

■ ■ ■

情绪弹性的细节："凡事往好处看"[2]

对于极性（POLARITY）的测量：如果你在沟通中的总体情绪不在所确定的整体范围的较高端（积极面），那么即使是加强的数字化转型沟通，也可能面临艰难时期，很难扭转你公司整体上更低沉（消极面）情绪背景的趋势。从技术上讲，即使对于稍微积极的极性（POLARITY），在我们数据集上的平均预期值也是负的，具有中等置信区间（不确定性），而对于更高的极性，只有变为正值，并且进入更紧密但又不是非常紧密的置信区间（不确定性更小），如图 15-1 所示。

---

① 对于上表各有内容但内容右上角没有标 */**/*** 的项，作者认为该项的结论是非常不确定的。
② 《凡事往好处看》（*Always Look on the Bright Side of Life*）是英国喜剧组合巨蟒（Monty Python）的一首歌。

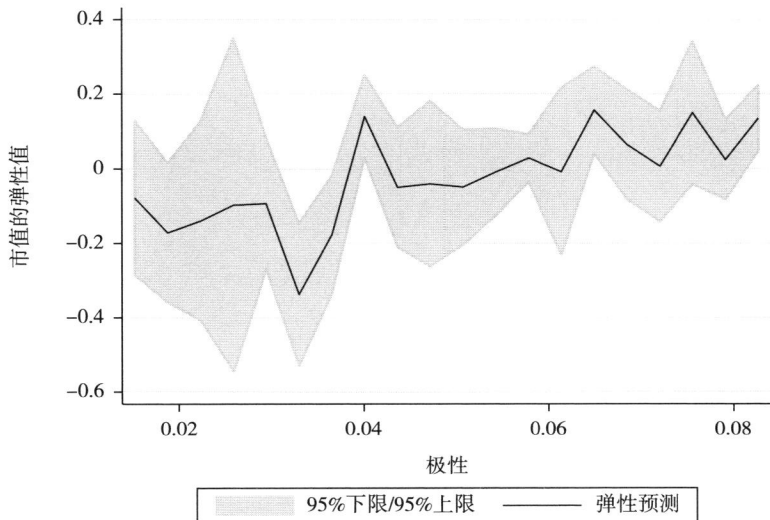

图 15-1 "数字代理"弹性——"极性"

另外，对于情绪主观性（SUBJECTIVITY），我们没有看到太多。尽管如此，我们至少可以得出这样的结论，即在主观报告背景的上下限范围内，推动数字化转型的正向弹性突然消失了。这也非常符合我们的商业直觉，即投资者欣赏客观性，并且在过度主观沟通达到某个临界点时，他们会失去信任。从技术上讲，图 15-2 所示的迹象可以从这样一个事实中得出：即使对于高度的主观性（在这种情况下，大约在 0.4 以上），平均期望值也会突然下降到零以下，同时置信区间收紧，这表明确定性更大。对于低于该范围的主观性值，实证研究数据并不能得出任何明确的结论。

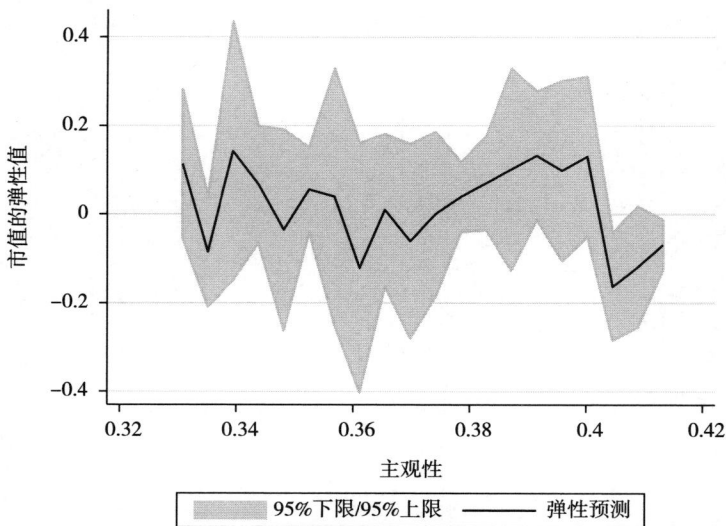

图 15-2 "数字代理"弹性——"主观性"

■ ■ ■

量化水平弹性的细节：
"不劳而获"还是"在那一个瞬间"？ [①]

基于货币术语的量化水平测量（D_CLOSE_M）和基于时间术语的量化水平测量（D_CLOSE_D）的结果，都远远低于人们的预期。当我们把这两个变量添加到数字代理时，不仅其平均效应下降到零以下，而且弹性曲线产生的值得我们进一步利用的明确结论也非常少。虽然这当然是进一步研究的基础，但在本书中，我们只能得出，如图 15-3 和图 15-4 所示的结论。

① 《不劳而获》（*Money for Nothing*）是英国摇滚乐队 Dire Straits（恐怖海峡）的代表作。《在那一个瞬间》（*One Moment in Time*）是美国女歌手惠特妮·休斯顿（Whitney Houston）演唱的歌曲。

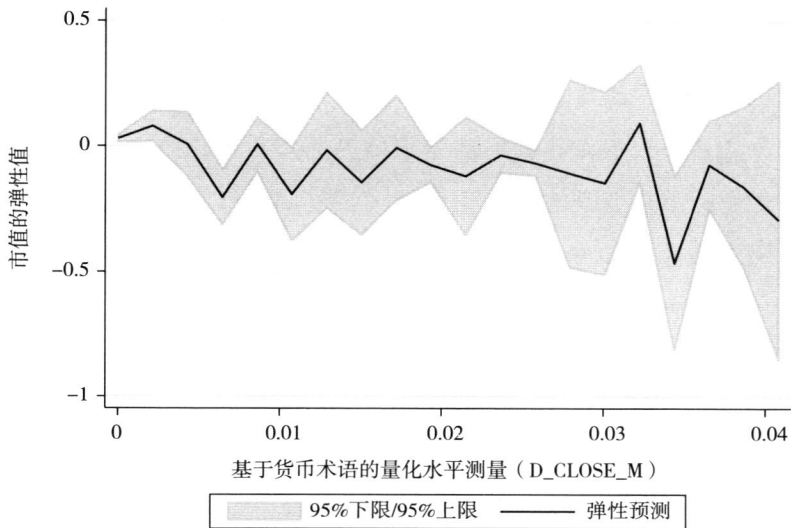

图 15-3 量化水平弹性（货币术语）

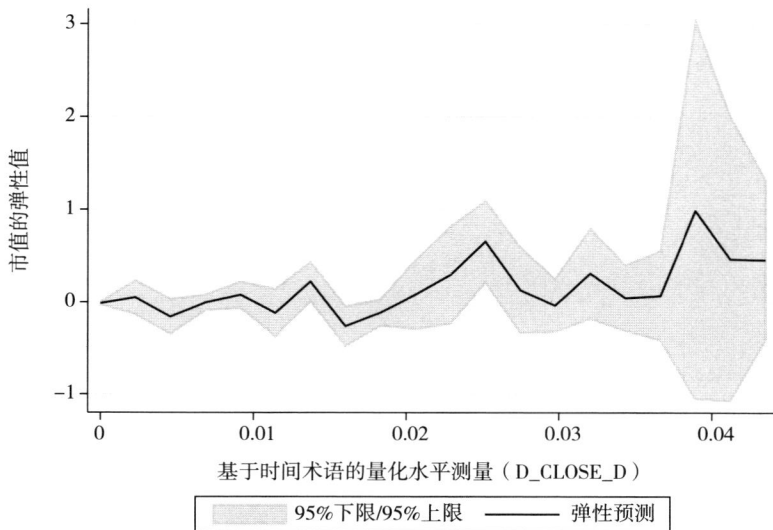

图 15-4 量化水平弹性（时间术语）

- 与直觉不同的是，至少根据我们的数据，货币术语的比例并没有提供任何线索以表明：弹性曲线在中等置信区间围绕零波动。所以，货币可能真的毫无影响。
- 与直觉不同的是，我们数据中的时间术语的比例并不能给你任何线索：弹性曲线在中等置信区间围绕零波动。在这里，至少在时间术语的上限范围内发生了变化，具有正的平均影响，但随后不确定性大幅增加，如置信区间较宽所示的那样。因此，时间点并非完全无用。

结论

如何让你的数字化转型收益源源不断

■ ■ ■

加速数字化转型收益循环的检查清单

对于每一个复杂的问题，都有一个清晰、简单但错误的答案。

——H.L. 门肯（1920）

门肯的这句话，写于"数字化转型"这个词出现前 90 多年。为何用这句话作为本书结论的开篇语？我只是为了明确结论是什么、不能是什么，当然本书的结论不会是一个简单的答案。

如果你希望直接跳到易于实施的结论（或基于 AI 应用程序生成的 10 分钟总结），我必须立即打破你的幻想：虽然一些高管、股东或者普通员工似乎相信存在易于实施的结论，但经验和本书的深度研究结论表明，仅靠跟风炒作和流行语，从数字化转型生态系统中每天产生的所谓最佳实践案例中复制一些概念和配方，很可能是众多数字化转型项目失败的最大共同点。

我坚信，为了取得成功，你必须关注数字化转型过程中的所有要素和所有相关的加速器与减速器，并看到它们之间所有端到端的相互作用关系。如果没有明确的制胜策略、毅力、耐心、对挫折的强大适应力及对细节和复杂多样的相互依赖性的关注，你就不可能实现有价值创造的业务转型。正如我希望在本书中展示的那样，仅仅将数字化作为另一个组件（或者更糟糕的是，作为"数字化战略"流行语）来对待，并不能改变这一永恒真理。相反，数字时代往往使事情变得更加具有挑战性，因为有更多潜在的、相互作用更明显的加速器和减速器被加入你的收益等式中。因此，虽然追求简化的结论可能是而且往往也应该是你对数字化转型之旅的期望，但如果你将其作为战略制胜的关键因素来追求，那么朝着这个目标开展的转型通常会使事情在一开始时变得更加复杂。

让事情更具挑战性的是：不存在单一的、可规划的数字化转型收益。数字化转型收益框架显示，5 个要素的依赖性向所有方向流动都能解释得通。记住我在第三章对数字化转型收益之路为何不是笔直有序的解释：

首先，所有要素都可能在许多方向上相互影响。这意味着，不仅同时推动转型的多种催化剂可以界定哪些反应范围受到的影响最大（例如，效率提高的核心业务，或启用新商业模式的边缘业务），而且反过来，转型范围也可以界定哪些催化剂（例如，数字技术）对数字化转型过程更重要……同样的道理也适用于数字化转型结果的价值反馈，数字化转型结果反过来也会影响所有的转型要素。例如，数字化转型过程中节约下来的资金，可以作为进一步变革的催化剂，这种现象在公司内部沟通中经常被描述为"为变革而节约"（save to transform）。

因此，在现实企业经营管理中，你的数字化转型收益之旅并不是一步一个台阶的线性渐进过程，而是一个复杂数字化转型收益螺旋式上升的过程。如果你成功地设计出跨越所有必要要素的数字化转型之旅，并能放大加速器的作用、降低减速器的影响，那么你不仅能够加快获取你的下一个收益，而且应该能够建立一个持续不断地获取收益的良性循环。

在开始数字化转型收益之旅时，有一些事情需要考虑：在旅途中，你要远离炒作、降低风险，并提高投资回报率。我以高级检查清单的形式总结了这些内容，如表 16-1 所示。

表 16-1　数字化转型收益"检查清单"

主题	考虑因素
数字化转型收益	<ul><li>当心数字化炒作陷阱和数字生态系统中的众多力量，它们不一定总是只考虑你的数字化转型收益</li><li>不存在这样的东西：简单的解决方案、普适性的成功配方，或可直接照搬的数字化转型最佳实践</li><li>如果你想以低风险的方式获得你的收益，永远不要相信有现成的清单、成熟度模型或商业案例。听它们说，读懂它们，消化它们，然后基于你的企业实际情况来做你自己的事</li><li>最终，只有你可以定义和判断数字化转型收益框架中的所有要素及其相应的端到端加速器 / 减速器</li><li>你也是唯一一个可以确认你的投资回报能否实现，并且你的收益可否获得的人</li></ul>
设计 / 策略	<ul><li>你必须制定一个制胜策略</li><li>如果你不这样做，你最终所做的事情将成为你的策略，很可能那是你不希望看到的结果</li><li>如果没有一个明确的制胜策略，最好不要启动转型，因为它很可能不会带来任何可持续的竞争优势和你所希望与争取的相关收益</li></ul>

主题	考虑因素
催化剂 / 驱动力	<ul><li>请记住，数字化转型并不完全是新技术的供应。技术与技术之间是高度相互依赖的，如果没有新的劳动力技能和融资能力，技术自身的可持续性就会成为一个大问题</li><li>不要低估你的客户和员工快速变化的期望，他们对你的期望不会降低</li><li>时刻警惕行业界限模糊化带来的威胁和机会</li></ul>
反应物 / 反应范围	<ul><li>你无论做什么，最终都会给你的核心业务带来转变，需要确保你最大可能的收益杠杆范围</li><li>即使你从边缘业务或相邻业务开启你的数字化转型，也不要忘记核心业务，从转型一开始就要为以后的重整、转移或替代做好准备</li></ul>
反应机理 / 反应过程	<ul><li>永远不要低估在你的特定环境中将看似直观的敏捷式方法或混合式方法从概念转向大范围落地所带来的价值</li><li>敏捷式方法使用不当，会成为你永远得不到数字化转型收益的主要原因</li></ul>
产物 / 结果	<ul><li>确定新的方法来跟踪转型的结果和进展，以此消除所有的痛苦和阻力</li><li>衡量你的收益，衡量你的收益，衡量你的收益（重要的事情说3遍）</li></ul>
预测因子	<ul><li>你就是你。了解并仔细管理你的收益努力和期望的基线（市场因子、财务因子和沟通因子）</li><li>它们将在很大程度上影响你成功实现数字化转型的概率</li></ul>

■ ■ ■

尚未完成：幂次智能是下一个

我们的任务完成了？实际上并没有。我们永远不会完成这项任务。

虽然本书考虑的是数字化转型，但它也适用于任何（颠覆性）技术驱动的转型。世界发展得很快，或许很快就进入下一个发展阶段。据说，世界将迅速发展到"超越数字化"阶段，彼时数字化转型与所谓的"幂次智能"（智能流程、集成现实、新能源矩阵、数字治理、生物编程和神经游戏化）相比就会显得很"无聊"（Rodriguez-Ramos，2018）。

但这又是另一个主题了，也许值得再写一本书。

第四部分

附录：本书背后的科学研究

附录 A

"懒人"阅读指南：管理实践和科学研究对数字化转型的定义

如前所述，关于数字化转型的定义，数量多到任何人都应接不暇。表 A–1 和表 A–2 将管理实践和科学研究的主要定义聚类到数字化转型收益框架中（这里没有"设计 / 策略"要素），并提出作者的专业服务隶属关系，以便你更好地理解每篇文章背后的营销特点。

表 A–1　数字化转型的管理实践定义（选编 / 自己的摘要）

管理实践	数字化转型收益要素（跨来源亮点的选择）			
作者（按时间顺序排列）	催化剂 / 驱动力	反应物 / 反应范围；反应机理 / 反应过程	产物 / 结果	专业服务联盟
凯恩等（2018）	"适应数字化市场环境，利用数字化技术改善运营，推动形成新的客户价值"（第3页）	"[……] 数字化成熟的公司所做的不仅仅是进行实验"（第 11 页）	案例示例	是

管理实践	数字化转型收益要素（跨来源亮点的选择）			
作者（按时间顺序排列）	催化剂 / 驱动力	反应物 / 反应范围；反应机理 / 反应过程	产物 / 结果	专业服务联盟
达文波特（Davenport）和韦斯特曼（2018）	"它是多方面的和分散的，不仅仅是涉及技术"（第4页）	"它需要在技能、项目、基础设施甚至在传统 IT 系统清理等方面进行基础性投资。它需要把人才、机器和业务流程进行融合"（第4页）	"如果不与战略紧密关联，如果缺乏对价值的强烈追逐……那么没法采取任何数字化举措"（第4页）	否
盖尔（Gale）和阿伦斯（Aarons）（2017）	"七个驱动力将帮助你逃离旧世界"（第31页及其后各页）	"数字化螺旋……作为成功的框架"（第103页及其后各页）	"期望鸿沟"（第54页、第69页及其后各页）	是
罗杰斯（Rogers）（2016）	"许多治理并发展的基本规则和假设[……] 企业不再拥有"（第1页）	"……整体转型的流程"（第18页）	"重新想象你的生意"（第239页）	是
布林约尔松（Brynjolfsson）和麦卡菲（McAfee）（2014）	"技术领先"（第13页及其后各页）"摩尔定律与棋盘的后半部分①"（第39页及其后各页）	"几乎自然万物都涉及数字化"（第57页及其后各页）	"最大的赢家：明星和超级明星"（第147页及其后各页）	否

---

① 此处的"棋盘的后半部分"（the second half of the chessboard）指在国际象棋中，棋盘通常由64个方格组成，前32个方格可以被视为棋盘的前半部分，而接下来的32个方格则构成棋盘的后半部分。这常用来比喻某些情况或现象的后期阶段，特别是在技术、经济或其他领域中的指数增长现象。

管理实践	数字化转型收益要素（跨来源亮点的选择）			
作者（按时间顺序排列）	催化剂/驱动力	反应物/反应范围；反应机理/反应过程	产物/结果	专业服务联盟
拉斯基诺（Raskino）和瓦勒（Waller）（2015）	"每个产品都将被数字化重塑"（第23页及其后各页）"抓住三个临界点（技术、监管、文化"（第43页及其后各页）"请留意监视行业界限模糊化"（第63页及其后各页）	"重塑你的企业"（第83页及其后各页）	"改变游戏规则"（第2页）	是
韦斯特曼，邦内特和麦卡菲（2014）	"技术是……更大，因为最近所有数字化领域的进步都在消除限制，创造出令人兴奋的新可能性"（第1页）	"打造极具吸引力的客户体验""发挥核心业务的力量""重塑商业模式""培养领导能力"（第5页）	"数字化大师表现超越同行"（息税前利润EBIT和净利润率NPM）（第18页）	是

表 A-2　数字化转型的科学研究定义（选编 / 自己的摘要）

科学研究	数字化转型收益要素（跨来源亮点的选择）			仅限文献综述	满足我们定义的数字化转型标准（第 2 章）
作者（按时间顺序排列）	催化剂 / 驱动力	反应物 / 反应范围；反应机理 / 反应过程	产物 / 结果		
洪德（Hund），德雷克斯勒（Drechsler）和赖本斯皮斯（Reibenspiess）（2019）（但侧重于数字创新，而非转型）	"新产业结构的出现"（第10页）。"众多数字创新的黎明和随后的崛起"（第2页）	"组织定位的变化"（第11页）"与数字创新相关的劳动力变化"（第11页）"加强跨界合作"（第11页）"平台的整合"（第11页）	"衡量成功的新型方式"（第7页）	是	否
普拉马尼克（Pramanik），基尔塔尼亚（Kirtania）和帕尼（Pani）（2019）	"实施新时代技术"（第5页）	"重新想象包括扩展、交互、融合、模块化和整合在内的流行业务与数字技术的可能性"（第5页）	"通过数字技术获得的商业收益"（第13页）	否	是
比特尔（Beutel）（2018）（专注于"数字定位"这一独特概念）	未明确讨论	"在产品和服务中使用数字技术，使企业内部和企业间的流程与基础设施数字化"（第2页）	"取得竞争优势"（第2页）"从盈利能力和市场价值两方面分析（Tobin's Q）"	否	是

科学研究	数字化转型收益要素（跨来源亮点的选择）			仅限文献综述	满足我们定义的数字化转型标准（第 2 章）
作者（按时间顺序排列）	催化剂 / 驱动力	反应物 / 反应范围；反应机理 / 反应过程	产物 / 结果		
博恩扎克（Bohnsack）等（2018）	"使能器"（包括技术）"企业能力""环境"（详细列表见第 9 页）	"导致跨多个层面（如个人、组织、社会）的多方面变化""范围、风险、障碍、轨迹、代理"（详细列表见第 9 页）	"改变""经济学"（详细列表见第 9 页）	是	是
比尼谩（Hinings），格根瓦特（Gegenhuber）和格林伍德（Greenwood）（2018）	"数字创新的综合效应"（第 1 页）	"带来新的表演者（及表演者的星座、结构、实践、价值观和信仰"（第 1 页）	"改变、威胁、补充或替代现有游戏规则"（第 1 页）	否	是
武克希奇（Vukšić），伊万契奇（Ivančić）和维格克（Vugec）（2018）	"新技术（如高级分析、机器学习、人工智能应用、物联网）的使用"（第 737 页）	"改变关键业务要素，包括战略、商业模式、业务流程、组织结构和组织文化"（第 737 页）	"能够带来业务流程优化和整体更好的组织绩效""引发行业混乱"（第 737 页）	否	是

科学研究	数字化转型收益要素（跨来源亮点的选择）			仅限文献综述	满足我们定义的数字化转型标准（第2章）
作者（按时间顺序排列）	催化剂/驱动力	反应物/反应范围；反应机理/反应过程	产物/结果		
奥斯蒙森（Osmundsen），艾登（Iden）和比格斯塔（Bygstad）（2018）	"可视为外部或内部的触发因素""跟上数字化转变"（第5页）	"变革后的信息系统组织""新的商业模式""敏捷性"（第8页及其后各页）	"对企业结果和不同绩效指标的直接或间接影响"（第10页）	是	是
沙尔莫（Schallmo）等（2017）（翻译自本研究）	"利用新技术""生成和分析数据的能力""使能器"（第5页）	"贯穿所有价值链步骤"（第5页）"对于公司、商业模式、流程、关系、产品等而言"（第5页）"渐进式或激进式流程"（第5页）	"财务维度"（第14页及其后各页）	否	部分，而非全部针对公司整体
南比桑（Nambisan）等（2017）（重点放在数字创新上）	"大量数字工具"（第224页）	"创造（及随之而来的）市场产品、业务流程或模式的改变"（第224页）	"一系列创新成果……并不一定需要数字化"（第224页）	否	部分，但仅关注创新

科学研究	数字化转型收益要素（跨来源亮点的选择）			仅限文献综述	满足我们定义的数字化转型标准（第2章）
作者（按时间顺序排列）	催化剂 / 驱动力	反应物 / 反应范围；反应机理 / 反应过程	产物 / 结果		
塞巴斯蒂安（Sebastian）等（2017）	"新技术，特别是我们所说的 SMACIT（社交、移动、分析、云和物联网）"（第197页）	"SMACIT 启发式价值主张"（第198页）"运营骨干"（第201页）"数字服务平台"（第201页）	案例示例	否	是
赫丝（Hess）等（2016）	"数字技术改变市场的潜力"（第123页）"当前核心业务的财务压力"（第138页）	"关注数字技术可能给公司商业模式带来的变化，这些变化会导致产品或组织结构的变化或流程的自动化"（第124页）"影响公司内部许多或所有部门"（第124页）"跨越公司边界"（第125页）	案例示例	否	是
亨利埃特（Henriette），法基（Feki）和博扎拉（Boughzala）（2015）	"行业正面临技术变革""市场波动""更好地响应需求"（第2页）	商业模式由数字技术对社会的影响驱动，"商业模式""运营流程""体验"（第10页）	未讨论	是	是

附录 B

如何针对年报使用基于字典的自动化文本分析来衡量数字化转型工作

由于普遍缺乏用于衡量数字化转型结果的具体 KPI，一些作者（Beutel，2018；Chen & Srinivasan，2019；Hossnofsky，2019）已经应用了更多基本的自动化文本分析。他们主要关注在财务报告和财报电话会议（earnings calls）[①] 中以某种形式出现的数字字典术语的数值计数，作为数字化转型结果的代理指标。本书背后的基础研究也遵循了同样的思路，使用了前面描述的"可复制的参考"。但本书的研究更为深入，本书不只是通过集成开发的数字化转型横截面框架（transversal frame work）来对字典术语进行聚类（为了简单起见，本书已经弃用），更重要的是增加了基于 Python 的自然语言处理（NLP）。Python 是一种常用的、易于学习的机器学习库编程语言（Python，2020），主要用于超越单纯出现/频率计数的文本分析的 NLTK 和 spaCy（NLTK，2020；spaCy，2020）。

---

① 财报电话会议是指上市公司发布财报后，管理层与分析师和投资者进行的电话会议。在这次电话会议上，公司的高管会详细介绍公司的财务状况、业绩表现及未来计划等相关信息，便于投资者更好地了解公司的经营状况和未来发展，从而做出更明智的投资决策。

第一步，基于上述"设计"决策，一个独特的数字化转型语言字典跨越了所有主要框架类别（"催化剂""反应物""反应机理""产物"），为所有后续分析奠定了基础（见图 B-1）。为了克服数据规模过大和潜在观察数据数量不足的风险，决定只保持在要素级别（"催化剂""反应物""反应机理"和"产物"），而不再在进一步下沉的级别上分析（例如，"供应侧催化剂"和"需求侧催化剂"，甚至更深的层级）。该专有字典的初始版本是人工编纂的，框架类别是分组的，术语范围非常广泛。它涵盖了大约 400 个与数字（技术）相关的单词，并结合其他研究者的合适文献研究结果（Beutel，2018；Briggs et al.，2019；Hossnofsky & Junge，2019）与我的实践经验。由于该类别涉及广泛领域，这个字典已经具备"催化剂"术语的强大优势。

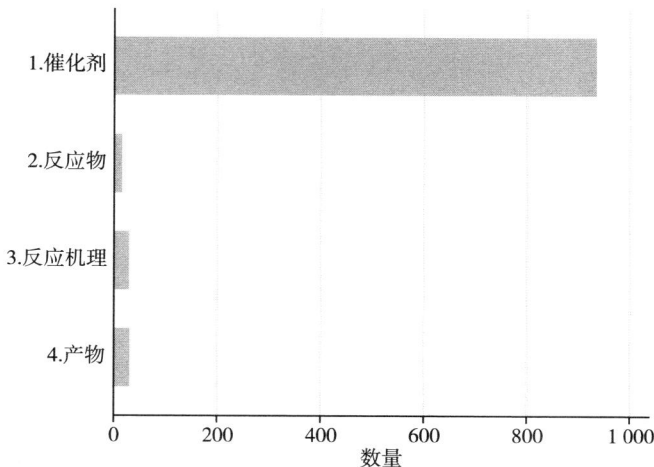

图 B-1　数字化转型（语言）字典类别

第二步，利用自然语言处理（NLP）在近些年的发展成果，通过一个名为"Magnitude"的预打包 Python 模块实现了三种不同的最先进的词嵌入 / 矢量化算法（Patel et al.，2018）。选择两种 FastText 算法

（Bojanowski et al.，2017）和一种 ELMo 算法（Peters et al.，2018），这使得字典中的每个词都可以用类似的词扩展（每种算法 15 个，去除重复项后，形成一份共有 9346 个词的长列表）。

第三步，旨在通过作者在该领域的专业知识及与另一位数字化转型实践者的补充交叉检查，手动清理结果长名单中所有不相关的单词。在这一联合清理数据的过程中，应用了如下几个原则。

1. 它删除了由算法暴露的"拼写相似性"错误（例如，"virutal""softvare"），因为 SEC 文件中不应出现此类拼写错误。

2. 它删除了明显的公司名称（例如，Apple、Microsoft、Salesforce 等），因为所选定的投资组合公司本身与利用上述算法推导出的数字化转型相关术语之间存在大量重叠。这能防止在计算这些公司的出现次数时出现扭曲，把这些公司自己的报告和其他公司的报告中的数字化转型混为一谈，造成统计数据失真。

3. 它删除了明显的错误关联 [IT 场景的云（"cloud"）与气象场景的雷云（"thundercloud"）]。

4. 我们所选的方法可能（使用自定义 Python 代码）删除了具有相同词干的所有单词（"automate"（自动化）作为基本形式，与具有相同词干 "automate" 的变体 "automated" 自动化的）。这避免了单词还原的标记 / 单词的重复计数。

最终字典涵盖所有框架类别的 1008 个术语。催化剂术语的所述优势也适用于最终版本。这对本书没有影响，因为所有类别最终都仅为了简单起见而被汇总到一个单一的度量标准中。

如何编译一个包含两万多份年报的独特财务数据库

如前所述，本书关注的重点是数字化转型对上市公司的价值影响，这些公司往往成立的时间比较长，需要从数字化现状向更先进的数字化结果转型。因此，初创企业不在本书的讨论范围之内。为了实现类似目标，相关工作通常首先涉及各种各样的上市公司投资组合，从全球范围（Westerman et al.，2014）到仅限于美国公司（Beutel，2018；Chen & Srinivasan，2019）以及欧洲公司（Hossnofsky & Junge，2019；Kawohl & Hüpel，2018；Wroblewski，2018）。其次，作者在进行财务分析时应用了不同的数据源（COMPUSTAT、CRSP、IBES、Thomson Reuters DataStream 和年度报告）。因此，对于这两个关键的研究基础，我们需要给出明确的选择。

为了构建上市公司投资组合的分析报告，我仔细考虑了全球不同的股票指数。经过谨慎评估后，纳斯达克（NASDAQ）和纽约证券交易所（NYSE）这两家总部位于美国的区域性大型公司股票交易所，最终被证明是最佳选择。事实表明，它们能够很好地满足所有数据方面的要求。首先，由于它们关注在美国上市的公司，地理市场环境差异与计划估值方法的相关性较小。其次，由于这些公司是在美国上市的，因此，它们提供了充足的历史数据、保证的质量和基于适用"美国公认会计准则"（US-GAAP）的保守主义的一致性。不仅如此，这与后期应用的清洁盈余估值模型（clean-surplus-based valuation models）所需的假设能够良好匹配（Falkum，2011）。最后，它们提供了足够广泛的行业和产业覆盖范围，以便于更好地概括所有发现。显然，根据每次分析中数据点的可用性，回归分析将只使用这些观察值的一部分（见表 C–1）。例如，由于我们的模型使用的是滞后的资产收益率（$L1$ ROA），观察值自然必须下降到接近 20K 的范围。

表 C–1　总体样本财务汇总统计

财务变量	样本数量	平均值	标准差	最小值	最大值
市值	27 522	1.64E+10	1.11E+12	−2.38E+11	1.82E+14
三年平均资产回报率	20 997	−0.582299	0.927666	−53.67982	13.17412
股东权益总额	29 886	2.76E+09	1.22E+10	−1.83E+10	3.10E+11
净利润	30 064	3.47E+08	1.95E+09	−2.72E+10	5.95E+10
累计其他综合收益	30 544	−1.60E+08	1.26E+09	−5.00E+10	1.81E+10
股息支付	30 544	−1.67E+08	8.49E+08	−6.67E+10	4.54E+09
变动权益	30 544	2.80E+07	5.00E+08	0	3.07E+10
滞后的资产收益率	24942	−1.076136	159.0729	−25 120	190.832 3
净债务	29 931	1.19E+09	1.53E+10	−4.97E+11	5.61E+11
投资资本增长	28 152	130.066 8	10427.98	−15 714.08	1 182 771
账面市值比	26 948	6.188 369	534.8125	−4 918.638	82 220.16

在整个期间，投资组合每年平均显示市值（avg-MARKETCAP）增长、2020 年预期下滑及负向波动的中期 ROA 表现（ROA3Y），如图 C–1 和图 C–2 所示。

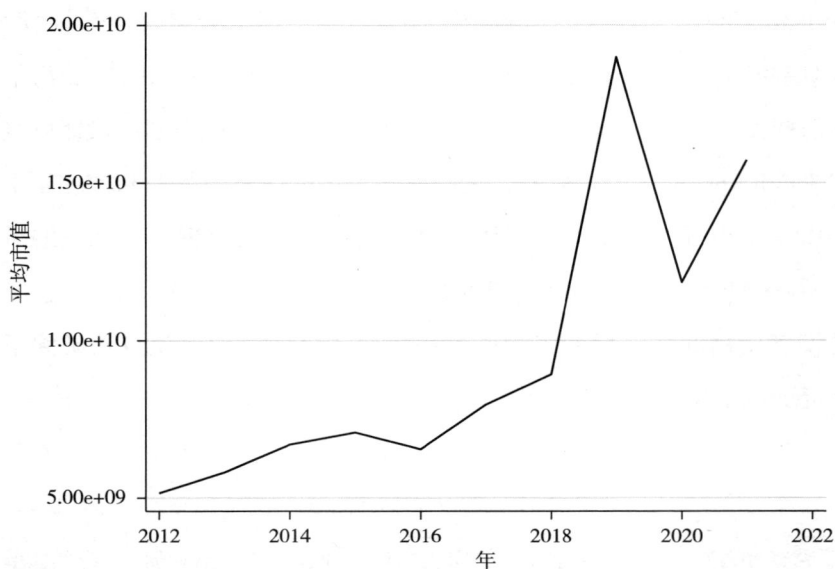

图 C-1　2012— 2021 年投资组合平均市值（美元）

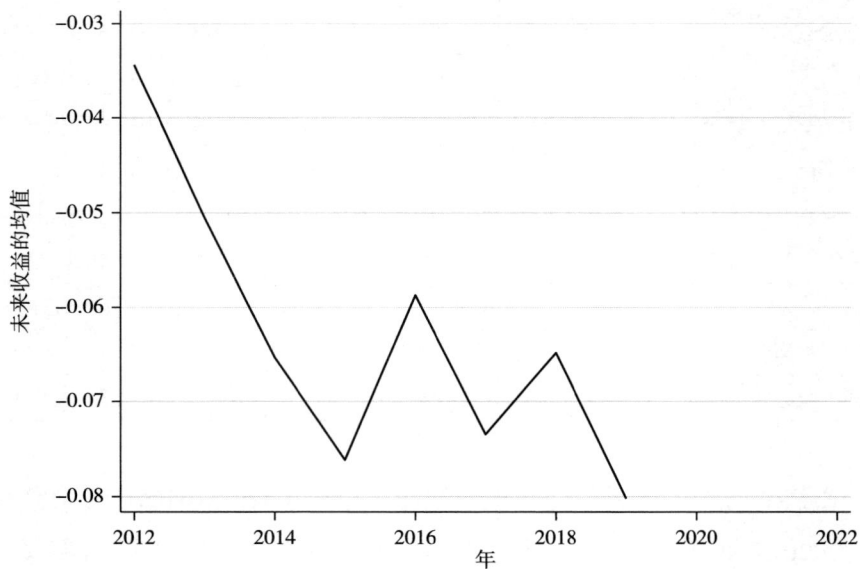

图 C-2　2011— 2021 年投资组合的未来收益（百分比）

在这里，我省略了与此相关的许多表格，但请放心，最终数据集充分且均衡地涵盖了多个产业和行业——包括 8 个产业、31 个行业类别和 206 个行业组别。[①] 在查看数据集的所有观察结果及仅评估财务分析的相关数据子集时——在删除所有因最终分析中缺少财务数据而被剔除的观察结果后，这一点是成立的。

从研究的第一天起，我的愿景就是开发一个统一的"事实来源"（source of truth），包括解决文本和财务信息的时间一致性问题，以及培育正确匹配这两个要素的能力。我的目标是创建一个以前从未用于数字化转型研究的独特数据源。在研究了文献中应用的不同自动化和手动数据选项（Beutel，2018；Chen & Srinivasan，2019；Kawohl & Hüpel，2018；Hossnofsky & Junge，2019；Cohen et al.，2020）之后，我发现，尽可能从源头获取数据对于计划的高级分析是最有效的。幸运的是，美国证券交易委员会（SEC）的 HTTPS 文件系统允许抓取公司、基金和个人提交给电子数据收集、分析和检索系统"（EDGAR）的文件。"EDGAR 索引列出了从 1994 年第三季度到现在的每个季度所有公开的 SEC 提交文件"（SEC，2020）。直接从 EDGAR 抓取数据，有 3 个明显的好处。第一，可以访问所有的相关公司，减少了因数据可用性而排除公司的情况发生，这也是最重要的一点。第二，EDGAR 提供了通过灵活的 API 进行电子访问的功能，包括选择导出统一结构和内容分类的全文，而不仅仅是 PDF 格式。第三，市场价值和其他要补充的财

---

① 在描述经济活动的层次分类时，一般分为 3 类：产业（sectors）、行业类别（industry categories）、行业组别（industry groups）。"产业"是对整个经济活动的最高级别分类，在有些场合也被称为"经济部门"。"行业类别"是对经济活动中特定类型的商业或生产的中级分类，通常比产业更具体，可以根据产品、服务、生产过程或技术等因素进行划分，例如零售业、银行业、房地产业、制药业、信息技术业等都是不同的行业类别。"行业组别"是对行业类别的进一步细分，通常更加具体和专业化，根据相似的产品、服务、市场或技术特点将相关的企业集合在一起。例如，在制造业中，可以有汽车制造、航空航天制造、电子产品制造等不同的行业组别。

务数据，可以从一个专门的金融信息数据源——Intrinio 中获取。Intrinio 数据提要（data feed）也直接建立在 EDGAR 之上，其可以追溯到 2007 年，并且自 2009 年起就拥有和本研究目的相关的数据（Intrinio，2020）。稍后将对 Intrinio 进行进一步阐述。

在每家公司提供的大量报告中（SEC，2020），只有标准化年度报告（10-K、10-K405 和 10-KSB，在这里不相关）的总体"批量"内容被认为包含相关信息。这完全符合概念上可比的文本分析工作（Cohen et al.，2020）及其基础工作的要求（Loughran & McDonald，2011）。正如本研究一样，在第一阶段对信息做了进一步处理，剔除了"杂乱"内容（数字表中有超过 15% 的数字字符、HTML 标签、换行符、XBRL 表和 Unicode 文本），以生成所有报告的"原始"形式。因此，我们可以认为，经过处理后的报告的基本章节结构与后续所有进一步的分析不相关。如前所述，应用的投资组合列表在固定的截止日期（即 2021 年 6 月底）被冻结，以编制最终的投资组合。然后，定制开发的 Python（Python，2020 年）代码在每个提交日期的所有相应的 10-K/10-K405 文件中进行抓取，追溯到各个公司的时间尽可能早，或 2011 年，两者中以较晚者为准。

SEC 已发布了明确的提交规则（SEC，2020）。最初，所有公司必须在财年结束后 90 天内提交其 10-Ks。2004 年，SEC 批准了一项新规则，将时间要求调整为 60 天内，即所谓的"加速申报者"。所有公司必须满足 4 个标准。首先，它们的市值不低于 7500 万美元。其次，它们有义务报告至少 12 个月。再次，它们必须上传至少一份报告。最后，它们不允许使用表格 10-QSB 和 10-KSB 提交它们的报告。后来，SEC 又创建了另一类"大型加速申报者"，其公众持股量超过 7 亿美元，截止日期为 60 天，修订后的"加速申报者"截止日期为 75 天。"非加速申报者"应在季度末之后的 45 天内提交 10-Q 报告，"加速申报者"和"大型加速申报者"应在季度末之后 40 天内提交 10-Q 报告（SEC，2020c）。由于在收盘后到提交报告期间存在潜在的重大时间滞后，因此这些信息与以下估值分析有关，这具体取决于在此期间的实际信息泄露（财报电话会议）。从概念上讲，被评估的所有公司都属于"加速申报者"和"大型加速申报者"类别，这有助于在有限的时间窗口内报告文本和财务数据。

专业的金融信息平台 Intrinio 是本研究中市场、价值和其他补充财务数据的主要来源。这一来源不同于通常在科学研究中使用的传统数据源（主要是 COMPUSTAT、CRSP、IBES、Thomson Reuters DataStream 和原始年报）。我之所以选择 Intrinio 作为数据源，是因为它主要基于相同的 SEC EDGAR 提交文件，因此与直接抓取的文本 EDGAR 数据是一致的（Intrinio，2020）。它可以作为过去 10 年所有市场和财务信息的支柱。因此，将直接 EDGAR 抓取和 Intrinio 平台相结合，使得我可以制定本研究项目核心的独特的实证方法。Intrinio 的数据既可以批量下载，也可以通过高级 API 访问。使用这个数据源有一个非常大的优势，那就是基本不需要去找额外的数据源。唯一的例外是雅虎财经（yahoo，2020），在本研究中它仅用于捕获收益公告日期，以便控制这些公告与向 SEC 数据库正式提交财务信息之间的时间差，但由于数据质量存疑，其中包含许多异常值，因此需要非常谨慎地解释。

总的来说，我所描述的成熟上市公司的定制投资组合及一致数据源的组合（即美国证券交易委员会的 EDGAR 数据库用于存储文本数据，而 Intrinio 平台用于存储大多数财务数据），已被证明最能有效满足本研究的一个主要需求：通过一个可靠的、跨行业的、有代表性的数据集，分析数字化转型对上市公司的价值影响。

附录 D

如何借助自然语言处理（NLP）理解年报中关于数字化的内容

为了将计划的 NLP 概念转化为实证方法，我提出了一个新概念——"量化级别"（quantification levels）。这个概念背后的想法是：假设结果越具体／明确，就越应该赋予其更高的"级别"。在本书中，我最终只使用了两个极端级别（第 1 级和第 3 级），但在最初的研究中，我对所有报告进行了仔细的第二阶段预处理，为进行 3 个级别的分析奠定了基础，如图 D-1 所示。

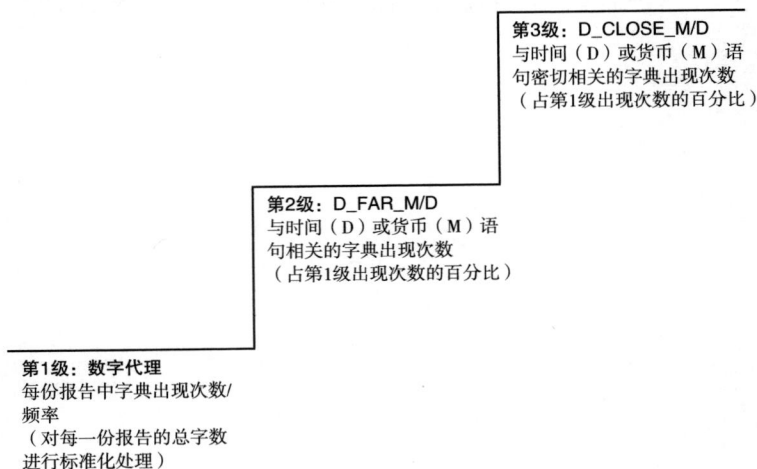

第3级：D_CLOSE_M/D
与时间（D）或货币（M）语
句密切相关的字典出现次数
（占第1级出现次数的百分比）

第2级：D_FAR_M/D
与时间（D）或货币（M）语
句相关的字典出现次数
（占第1级出现次数的百分比）

第1级：数字代理
每份报告中字典出现次数／
频率
（对每一份报告的总字数
进行标准化处理）

图 D-1　"可复制的参考"的 3 个级别

第 1 级分别分析了每份 10-K 申报日期的"原始"报告中每个类别的数字化转型语言字典术语的出现次数 / 频率，以及基于归一化目的，将相对于总字数的百分比作为数字化转型结果的代理指标。简单地说，它计算了数字术语在报告中出现的频率，并通过调整文档长度使其在不同报告之间具有可比性。

第 2 级（本书未使用）分别分析每个 10-K 申报日期按类别出现的数字化转型语言字典术语的数量，这些术语与关于货币或时间影响的明确陈述有关，以及将这些出现的相对百分比（相对于第 1 级出现的总数）作为数字化转型结果的代理指标。简单地说，它计算了第 1 级术语中由日期或货币术语进一步指定的百分比，这些术语在远距离处出现（以所谓的弧度来衡量，即在句子语法中的依赖步骤，直到找到规范）。第 2 级只计算同一句子中超过 4 个弧度的语法依赖性。

第 3 级分别分析每个 10-K 申报日期按类别出现的数字化转型语言字典术语的数量，这些术语与关于货币或时间影响的明确陈述有关，以及将这些出现的相对百分比（相对于第 1 级出现的总数）作为数字化转型结果的代理指标。简单地说，它计算第 1 级术语中由日期或货币术语进一步指定的比例，这些术语在近距离处出现（以所谓的弧度测量，即句子语法中的依赖步骤，直到找到规范）。第 3 级只计算同一句子中低于 5 个弧度的紧密语法依赖关系。

为了使本书简单明了，数据集上可用的框架类别的子级别已被丢弃，我只应用了所有框架类别的汇总数据。

经过随机检查，很明显，通过程序消除明显的公司名称是有益的。这是通过实体搜索算法实现的。

事实证明，在通过定制自动 Python 代码应用 NLP 方法之后，进一步利用补充分析来生成有关评估文本的附加信息是非常有效的。这是基于最近文献的一种趋势，即更深入地研究文本情绪，以得出进一步的结论和 / 或控制 SEC10-K 报告中的主观性 / 客观性和负面 / 正面陈述与其财务影响之间的关系，通常需要确认财务数据和情绪数据之间的关系（Chouliaras，2015；Li，2006）。为了首次实现所需文本情绪的运作，应用了一个定制开发的 Python 代码，该代码以类似的词汇发展工作为主要基础（Haritash，2018）。这种实用方法的一般思想是简单地从"负面"字典中进行单词计数，作为负分（S_N）（例如"annulments"（废除）、"annuls""anomalies""anomalous"），然后从"正面"字典中进行单词计数，作为正分（S_P）（例如"able""abundance""acclaimed""accomplish"）（UND，2020），然后根据这两个分数的关系计算出所谓的"极性"（S_{POL}）。这个分数决定了给定的文本在性质上是积极的还是消极的。它是通过以下公式计算出来的（范围从 –1 到 +1）：

$$S_{POL} = \frac{S_P - S_N}{S_P + S_N + 0.000\,001}$$

除了定制开发的方法外，本书的基础研究还使用了"TextBlob"，它最终成为本书中所有情绪分析的唯一工具。TextBlob 是一个用于处理文本数据的 Python 库。"它为自然语言处理（NLP）任务提供了 API，比如词性标注、名词短语提取、情绪分析、分类、翻译……"（Loria，2018，website）。然而，这项工作只利用了预打包的情绪功能来为生成的"原始"文本计算主观性（SUBJECTIVITY）和极性（POLARITY）。

总之，应用文本分析产生了几个变量（见表 D–1），这些变量是通过定制开发的 Python 代码直接从预处理的 10-Ks 中获得的。

表 D-1 　总体样本文本分析汇总统计

文本变量	样本数量	平均值	标准差	最小值	最大值
数字代理	30 544	2.480 327	2.819 965	0	30.911 32
基于货币术语的量化水平测量	30 540	0.002 627	0.008 951	0	0.193 548
基于时间术语的量化水平测量	30 540	0.002 943	0.009 139	0	0.166 667
极性	30 544	0.051 735	0.013 579	−1.019 717 3	0.141 112
主观性	30 544	0.374 910	0.018 039	0.280 621 5	0.459 227

　　显然，根据每次分析的数据点的可用性，回归分析将只包括这些观察结果的一小部分。例如，由于我们的模型利用了滞后的资产收益率（L1 ROA），因此，观察数量自然必须下降到 20 000 附近。

如何将数字化转型的价值与剩余收益估值模型关联起来

所有财务分析所遵循的主要理念是，将注重科学的严谨性和注重实践的实用主义相结合，以实现可操作性。这意味着专业估值研究模型不会对我们造成干扰，并有助于跟踪可访问的数字化转型数据，而不是深究详细模型参数的理论特性。根据目标和方式的不同，财务估值方法已经以许多不同的方式被分组（Falkum，2011；Vartanian，2003）。如前所述，随着时间的推移，数字化转型、技术／信息技术／信息系统、创新和企业财务价值研究，在这一揽子潜在的估值分析中已经应用了看似"无限"变化的定制方法。

从数字化从业者的角度来看，进一步审查业界众多的模型并不是本书研究的兴趣所在，因为它已经在相应的元研究中得到了广泛的分析，例如对于 IT 收益（Kohli & Devaraj，2003；Sabherwal & Jeyaraj，2015）或创新收益（Vartanian，2003），研究者经过仔细考虑后，并没有得出进一步独特且明确的结论。相反，更有前景的角度应该是找到合理的方法，将非会计"其他信息"整合到完全基于公开财务报告的模型中。经过仔细评估后，剩余收益估值模型（RIM），特别是 Ohlson 计量经济学模型（Ohlson，1995，2001），似乎是最佳参考模型。自 1990 年由 Ohlson

引入以来，剩余收益估值模型为利用会计信息进行估值开辟了新的可能性。它已被证明能比以前受人青睐的现金流贴现模型（Gao et al.，2019；Ohlson，2001）产生更好的结果。然而，Ohlson计量经济学模型（基础版）遭受了不少批评，它通常会被指责系统性低估了企业的市场价值，对于这部分内容稍后会更详细地介绍。

那么，Ohlson计量经济学模型是如何工作的呢？正如麦克雷（McCrae）和尼尔松（Nilsson）（2001）所描述的那样，任何与Ohlson相关的基本模型要有效，都需要符合两个主要假设。第一个假设是，公司股权的市场价值（P_t）等于未来股息支付的现值（d_{t+T}），股权出资作为负股息被包含在内。这意味着：

$$P_t = \sum_{\tau=1}^{\infty} \left(1+r\right)^{-\tau} E_t \left[d_{t+\tau} \right]$$

在这种情况下，r等于权益资本成本，而$E_t[\cdot]$用作基于时间t的可用信息的期望算子。

第二个假设要求随着时间的推移，账面价值变化不应违反所谓的"清洁盈余原则"（clean surplus principle）。这意味着，在任何时期，账面价值的任何变化都等于收益减去净股息，由此得出的公式是：

$$BV_t = BV_{t-1} + x_t - d_t$$

其中，BV_t等于时间t的账面价值，x_t为时间t的收益术语，d_t表示时间t给股东的净股息。所有与估值相关的信息都需要在利润表中有所反映，以满足精益盈余会计（lean surplus accounting）的要求。这就得到了所谓的剩余收益或异常收益（x_t^a）：

$$x_t^a / x_t - rBV_{t-1}$$

将这两个等式在估值函数中结合在一起，就是：

$$P_t = \sum_{\tau=1}^{\infty} (1+r)^{-\tau} E_t \left[x_{t+\tau}^a \right]$$

Ohlson 的主要理论贡献是对该方程的扩展：他的"线性信息动力学"（LIM）理论解决了该方程仅基于未来值得出结果的局限性——无法将公开可用的会计数据与股权价值关联起来。对于 Ohlson 来说，用于预期未来异常收益的信息基于异常收益的历史和未反映在其历史中的非会计"其他信息"（ϑ）。然后，他为这些异常收益提出了一个修改后的第一阶自回归过程，并为非会计"其他信息"提出了一个简单的第一阶自回归方程。

异常收益（或剩余收益）经修改后的第一阶自回归方程：

$$x_{t+1}^a = \omega x_t^a + \vartheta_t + \varepsilon_{1,t+1}$$

对于非会计"其他信息"，这意味着：

$$\vartheta_{t+1} = \gamma_{\vartheta t} + \varepsilon_{2,t+1}$$

在这里，ω 和 γ 是固定的持久性参数，假设大于 0 且小于 1。变量 ϑ_t 表示在时期 t 的期末看到的但尚未反映在会计中的预期未来异常收益的非会计信息，ε 表示随机误差项，假设其均值为 0 且与时间不相关。

Ohlson 的另一个重要贡献是解决了大多数传统模型中存在的有限估值问题：假设 ω 和 γ 小于 1，异常收益收敛趋于 0，因此从长远来看，公司的账面价值和市场价值将趋同。这与有效市场竞争最终应抵消公司特定异常收益的理论概念相吻合。这就得出一个基于异常收益、会计账面价值和非会计信息的市场价值估值函数：

$$P_t = BV_t + \alpha_1 x_1^a + \alpha_2 \vartheta_t$$

其中：

$$a_1 = \omega / (1 + r - \omega)$$

$$a_2 = (1 + r) / (1 + r - \omega)(1 + r - \gamma)$$

这种新的理论方法最终为应用会计数据解释和预测市场价值奠定了基础，股东价值因此具有 3 个主要要素：当前账面价值、当前剩余收益的资本化价值和非会计"其他信息"隐含的资本化价值。换句话说，投资者被认为是为了未来预期收益流而进行当前资产价值交易的。相应地，资产价格体现了所有未来预期股息的现值。Ohlson 计量经济学模型"……用股权的账面价值和当前收益取代了未来股息的预期价值……基于已经解释的清洁盈余原则，即股权账面价值的变动等于收益减去已支付的股息和其他资本贡献变动"（Muhanna & Stoel，2010）。

在操作实施方面，可以得出以下回归函数：

MARKETCAP=b_0+b_1DIGITALPROXY$_{jt}$+b_2TOTALEQUITY$_{jt}$

+b_3NETINCOME$_{jt}$+b_4ACOI$_{jt}$+b_5PAYMENTOFDIVIDENDS$_{jt}$

+b_6DELTAEQUITY$_{jt}$+b_7REVENUEGROWTH$_{jt}$+b_8ROA$_{jt-1}$

+b_9DELTAEARNINGSDATE$_{jt}$+b_{10}POLARITY$_{jt}$+b_{11}SUBJECTIVITY$_{jt}$

+b_{12}BOOKTOMARKET$_{jt}$+b_{13}INVESTEDCAPITALGROWTH$_{jt}$

+firm | industry+interactions + year + e_{jt}

=

其中 MARKETCAP$_{jt}$ 是公司 j 在 t 年年末的股权市场价值，DIGITALPROXY$_{jt}$ 是代理变量，TOTALEQUITY$_{jt}$ 是公司 j 在 t 年年末的股权账面价值，NETINCOME$_{jt}$ 是净利润，ACOI$_{jt}$ 是累计其他综合收益，而 PAYMENTOFDIVIDENDS$_{jt}$ 和 DELTAEQUITY$_{jt}$ 分别是支付的股息减去实

缴资本的变动、普通股和优先股的出售减去普通股和优先股的购买所得。除了 DELTAEARNINGSDATE$_{jt}$，所有其他参数都是从名称上就很容易读懂的财务 KPI 或作为控制的情绪参数，参数 DELTAEARNINGSDATE$_{jt}$ 描述了财报电话会议与随后向美国证券交易委员会（SEC）申报信息之间的天数差异。超出账面价值和收益的市场价值差异反映在 BOOKTOMARKET 中，e_{jt} 是随机误差项。year & firm | industry 表示发现时间和公司 / 行业的固定效应，interactions 表示可能的变量相互作用。

正如刚才阐述的那样，清洁盈余原则是 Ohlson 计量经济学模型适用性的一个关键假设。尽管在这项研究中使用的所有财务信息来源的适用会计准则——美国公认会计准则（US-GAAP）在这方面被认为优于欧洲会计准则，但其仍然存在一些违规行为（Falkum，2011；Lo & Lys，2000）。幸运的是，美国财务会计准则委员会（FASB）第 130 号公告的"报告综合收益"部分缓解了这一问题，因为它要求财务报表中透明地显示所有收入中性但影响股权的行为，因此总体而言，清洁盈余有效性的假设似乎是合理的（Falkum，2011），这也是为了本研究的开展——在包括这些信息时也是如此。

由于其广泛的应用和接受度，以本研究所选的 Ohlson 模型（Ohlson Model）为代表的剩余收益估值模型（RIM）在过去几年中得到了非常广泛的实证检验（Callen & Segal，2005），如表 E-1 所示。虽然"基于会计的美国公司估值模型研究倾向于支持 Ohlson 的观点，即剩余价值和账面价值在解释观察到的市场价值方面具有信息含量"（McCrae & Nilsson，2001），但潜在的弱点也是非常明显的。这使得与其他定制的模型相比，对实证结果进行更深入的讨论成为可能。

表 E-1　剩余收益估值模型研究概述

作者	研究焦点	结果
巴尔特（Barth）等（1999）	不同变体的实施和实证检验行业影响分析	分解收入模型可获得更好的结果行业特定的参数可提供更好的结果
比德尔（Biddle），谢尔（Chen）和张（Zhang）（2001）	Ohlson 模型的扩展不同假设的经验测试	投资与投资回报相关当前和未来剩余收益的凸性
崔（Choi），奥汉隆（O'Hanlon）和波普（Pope）（2003）	通过新开发的保守主义来扩展 Ohlson 模型	改进了 Ohlson 模型的方法
德肖（Dechow），赫顿（Hutton）和斯隆（Sloan）（1999）	实施 Ohlson 模型，辅以分析师预测使用不同的持久性参数	低估的倾向分析师预测对投资者预期形成强烈的影响力
麦克雷和尼尔松（2001）	国家特色	美国和非美国公司（瑞典）之间的结果存在显著差异
迈尔斯（Myers）（2000）	在没有其他信息和变化的情况下实施 Ohlson 模型	所有方法都倾向于低估倾向于预测过低的剩余收益
奥塔（Ota）（2002）	不同变体的实证检验	低估的趋势分析师预测有助于解释市场价值和投资者预期的形成

　　在这个角度上，本书的隐含信息包含如下多个方面。首先，低估这一重复主题导致有必要仔细地解释结果。此外，增加分析师预测的价值似乎是显而易见的。然而，为了更容易操作，作者决定坚持使用 Ohlson 模型的更简单版本，并指出将分析师预测作为未来研究的进一步潜在改进之处。行业相关性也已得到了适当处理，因为本研究中使用的所有

"其他信息"变量（基于数字化转型文本分析的变量）大多与特定行业甚至特定公司有关，包括公司和行业固定效应的应用。

穆汉纳和斯图尔所提出的基本 Ohlson 模型操作化（Muhanna & Stoel，2010），在我经过深思熟虑后被选为本研究的基础。这主要出于以下 4 个原因。第一，如上所述，它基于一个有效的理论背景。第二，它对清洁盈余原则有强烈的要求，否则不容易满足所有国际会计准则的要求，在这里可以假设它与美国公认会计准则相匹配。第三，基于我先前进行的广泛的实证检验，其弱点的透明度使得对结果有更好的解释。第四，从基础 IT 价值和创新价值研究的角度对潜在的替代模型进行仔细评估，发现没有更好的在理论基础和实际操作上都可行，而且支持论文目标的变量操作化的其他选择（如表 E-2 所示）。

表 E-2　模型操作概述

作者	基础研究领域	模型选项描述	评估
安德森（Anderson），班克（Banker）和拉温德拉（Ravindran）（2006）	IT 价值	定制模型	可用的理论基础 相关性较低，因为仅关注 Y2K 事件
比特尔（Beutel）（2018）	数字化转型价值	定制模型	有理论基础 所选数据源中所有可用的必要变量，但关注点不同
陈（Chen）和斯里尼瓦桑（Srinivasan）（2019）	数字化转型价值	定制模型	有理论基础 由于复杂性高，操作可行性中等
霍斯斯诺夫斯基（Hossnofsky）和荣格（Junge）（2019）	数字化转型价值	定制模型	有理论基础 操作可行性高，但重点不同（分析师观点）

作者	基础研究领域	模型选项描述	评估
马尼（Mani），南库马尔（Nandkumar）和巴拉德瓦杰（Bharadwaj）（2018）	数字化转型价值	定制模型	有理论基础 可操作性高，但重点不同
米塔斯（Mithas），拉马苏布（Ramasubbu）和三羽默西（Samba murthy）（2011）	IT 价值	定制模型	有理论基础 仅基于问卷调查
穆汉纳和斯图尔（2010）	IT 价值	基本 Ohlson 模型	理论基础扎实 所选数据源中所有可用的必需变量
瓦塔尼安（Vartanian）（2003）	创新价值	定制模型	强大的理论基础 以创新为中心的变量

虽然数字化转型对市场价值的影响是本研究的主要关注点，但如果再研究一个更直接的会计驱动参数似乎更好。鉴于其在市场价值考虑中的相关性，未来收益显然是最合适的选择。与其为分析未来收益而开发定制模型，不如再次遵循穆汉纳和斯图尔（2010）的模型及其方法。除了 Ohlson 模型外，我们没有对所选的混合基础计量经济学模型进行广泛的实证检验。因此，在讨论实证结果时，必须完全通过我们自己的统计稳健性测试来弥补潜在的缺陷。由于对逻辑或实证结果没有额外限定，因此，剩余收益回归所选择的方法也适用于混合基础模型。为了以后测试数字化转型与滞后（未来）收益之间联系的假设，这里应用的收益预测模型完全遵循穆汉纳和斯图尔（2010）的思想。它结合了文献中使用的其他收益预测方法中的要素。用定制的最终模型对未来收益进行会计处理时，会考虑公司资产加上资产的历史收益。它使用 3 年平均资产回

报率（ROA3Y）的平均值作为未来收益的衡量标准，以允许数字化转型参数与潜在价值实现之间可能存在的滞后。相应的回归函数如下：

ROA3Y

$$=b_0+b_1DIGITALPROXY_{jt}+b_2TOTALASSETS_{jt}+b_3NETINCOME_{jt}$$

$$+b_4NETINCOMEGROWTH_{jt}+b_5REVENUEGROWTH_{jt}+b_6POLARITY_{jt}$$

$$+b_7SUBJECTIVITY_{jt}+b_8DELTAEARNINGSDATE_{jt}$$

$$+firm\ |industry+interactions+year+e_{jt}$$

其中所有财务变量的含义，从它们的命名上看基本都是一目了然的，是公司 j 在年份 t 相应变量的数值，year 和 firm | industry 表示发现的时间和公司 / 行业的固定效应，interactions 表示可能的变量相互作用，e_{jt} 是随机误差项，其他的变量不再赘述。

总之，财务分析产生了几个变量，这些变量主要通过 Intrinio API 获取，使用了具有自解释性的名称缩写，这与前面解释的等式一致。为了确保因变量的正态性，应用的两个变量市值（MARKETCAP）和未来收益（ROA3Y）都会经过正态性检验，然后在最终模型中进行自然对数转换，以解释所发现的非正态性。由于简单的自然对数标准化已经提供了令人满意的结果，因此忽略了相关文献（Templeton & Burney，2017）中所建议的其他转换方法，比如两步法或缩尾调整（winsorizing）方法。

附录 F

给不怕复杂的读者加点料

附录F

<big>附</big>录 F 作为本书主体部分分析的补充，增加了一些被认为相较于本书主体部分内容过于复杂的额外细节。

■ ■ ■

正交森林因果估计方法 [①]

幸运的是，得益于计量经济学模型的进步，我们可以建立一个正交森林因果估计模型（orthoforest-based causal estimate model），对数字代理（DIGITALPROXY）、市值（logMARKETCAP）等进行详细的弹性分析。

简单来说，我们正在做以下工作。

1. 根据我们为市值（logMARKETCAP）选择的 Ohlson 模型变量

[①] 正交森林因果估计方法是一种用于特征选择和因果推断的机器学习算法。正交森林的基本思想是通过构建多棵决策树来估计特征之间的因果关系。每棵树都是根据特定的随机子集进行训练的，并通过计算特征的重要性来评估它们对目标变量的影响。然后，通过对多棵树的结果进行平均或集成，可以得到更稳定和可靠的估计。基于正交森林的方法可以用于解决因果关系推断、特征选择和变量重要性评估等问题，可以帮助识别哪些特征对目标变量具有直接或间接的影响，并提供有关这些影响的定量估计。

或其扩展，包括反映固定行业和时间效应的虚拟变量数据①，建立一个通用的因果关系图［通过利用 Python DoWhy 库（Sharma & Kiciman，2020），从数据集中构建］。

2. 通过再次应用 Python DoWhy 库（Sharma & Kiciman，2020），生成相应的因果估计量（也称为其他模型中的系数）。

3. 利用 DoWhy 连接到 EconML Python 库（Oprescu et al.，2019），为该估计值运行一个完全非参数的正交森林，并计算平均估计值。

4. 运行所谓的反驳测试（refutation tests），以验证模型的稳健性（Sharma & Kiciman，2020），本附录的下一节将对此进行进一步描述。

5. 通过对变量的数据范围内的弹性进行估计，在因变量市值（logMARKETCAP）中添加与数字代理（DIGITALPROXY）相关的每个模型变量的弹性。

6. 把这些弹性值绘制成图，以识别潜在的模式。

---

① 计量经济学中使用的数据，一般可分为 4 类：时间序列数据（time series data）、截面数据（cross-section data）、面板数据（panel data）、虚拟变量数据（dummy variables data）。其中，时间序列数据是把反映某一总体特征的同一指标的数据，按照一定的时间顺序和时间间隔（如月度、季度、年度）排列起来的统计数据，比如逐年的 GDP 数据、逐月的物价指数数据。截面数据是同一时间（时期或时点）某个指标在不同空间的观测数据，而不同空间可以指不同的地理区域，也可以指不同的行业、部门或个人，比如某一年各个省的地区生产总值。面板数据是指时间序列数据和截面数据相结合的数据，比如在居民收支调查中收集的各个固定调查户在不同时期的调查数据，又比如全国各省（区市）不同年份的经济发展状况的统计数据。虚拟变量数据是指除了上述 3 类数据外，有一些定性的事实不能直接用一般的数去计量，比如政府政策的变动、自然灾害、政治因素、战争与和平状态等，但它们对所研究的经济变量有明显的影响。因此，我们常用人为构造的变量［称为虚拟变量（dummy variables）或二值变量（binary variables）］表示这类定性现象的"非此即彼"状态，通常以 1 表示某种状态发生，以 0 表示该种状态不发生。（资料来源：庞皓，史代敏.计量经济学[M].5 版.北京：科学出版社，2023：11-12.）

■ ■ ■

因果关系的指示器

为了更好地了解主要分析是只表明相关性，还是也显示了一些初步的因果关系，在众多可能的分析中，我选择了 3 种稳健性测试方法。

- 敏感性分析（sensitivity analysis）
- 工具变量分析（instrumental variable analysis）
- 基于经验动态建模（EDM）的影响方向检查［empiric dynamic modeling（EDM）to check for effect direction］

下面将对这 3 种方法进行介绍。

第一种方法：敏感性分析

为了对基本回归进行敏感性分析，我选择了一个名为 sensemakr 的软件包（Cinelli et al.，2020）作为 STATA 的补充，并用固定时间 / 行业效应模型替换该软件包中的原始简单回归。

sensemakr 可以计算常规报告的敏感性统计数据，例如稳健性值，描述了未观察到的混杂因素需要达到的最小强度才能推翻研究结论。该软件包还提供了绘图工具，可以直观地展示点估计值和 t 值（t-values）对假设混杂因素的敏感性。最后，sensemakr 通过与观察变量的解释力进行比较，对敏感性参数划分了正式的界限。所有这些工具都基于熟悉的"遗漏变量偏差"（omitted variable bias）框架，不需要假设处理分配机制的功能形式，也不需要假设未观察到的混杂因素的分布，并且自然地处理多个非线性的混杂因素。使用 sensemakr，用户可以透明地报告他们的因果推断对未观察到的混杂因素的敏感性，从而使得从不完美的观察研究中得出什么样的结论，才能够更精确、更定量地讨论哪些因素是因果关系中的混杂因素（Cinelli et al.，2020）。

正如我们所预期的那样，现实观测数据的结果有些混杂。即使系数等高线图在添加一个未观测变量后仍然为正（见图 F–1），其效应达到所选基准（股东权益总额 TOTALEQUITY）的 3 倍，但在具有相同基准的 t-等高线图中，该变量几乎会立即失去统计的显著性（见图 F–2）。我们也可以在第三幅图中看到这种极端情况（见图 F–3）。

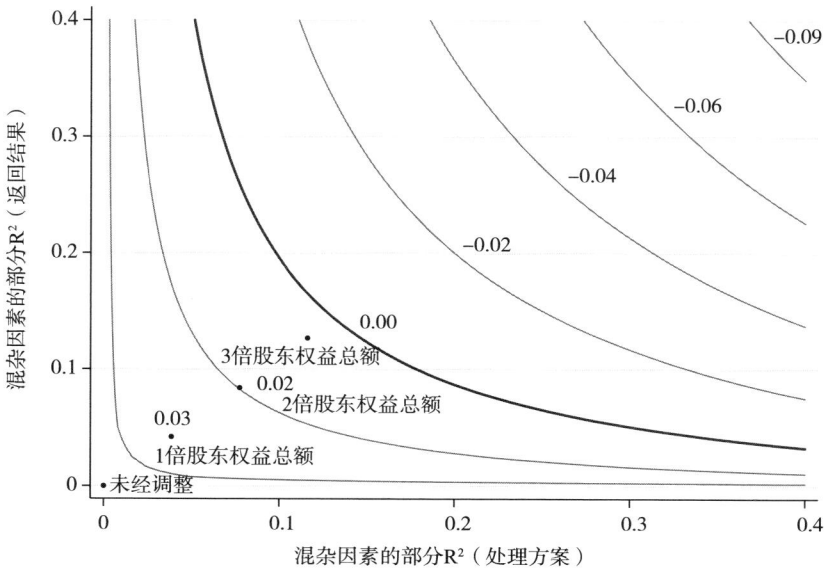

图 F–1　在系数上添加一个未观测变量的敏感性

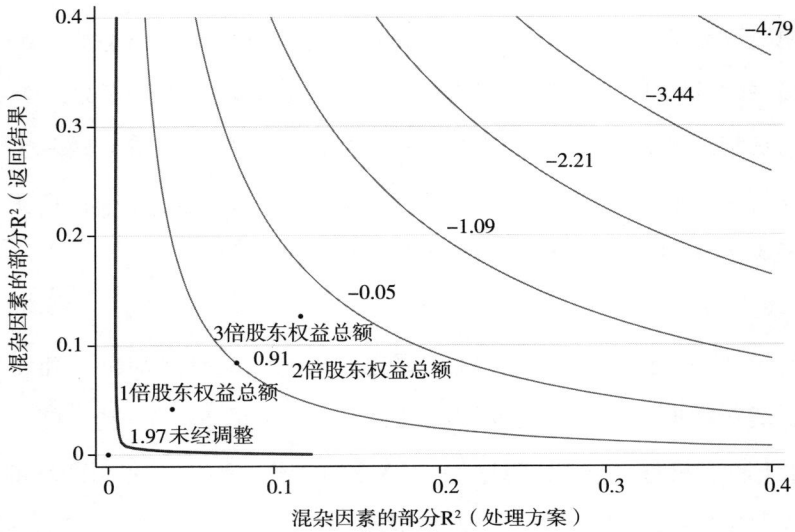

图 F-2　在显著性（t）上添加一个未观测变量的敏感性

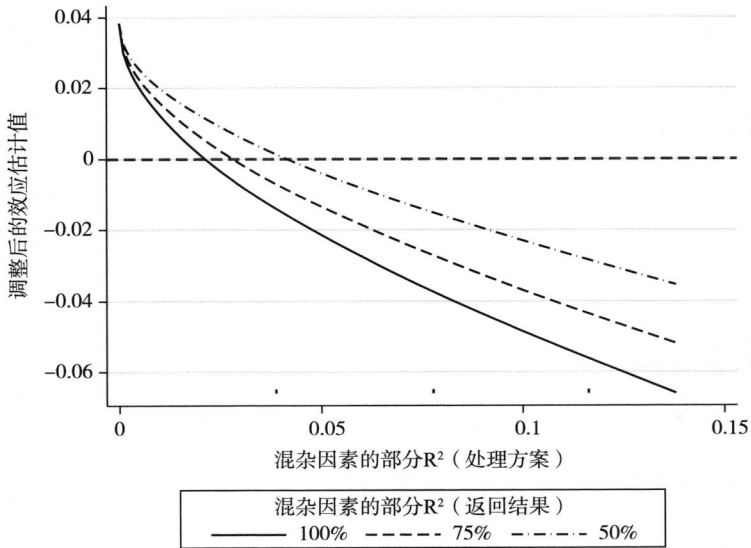

图 F-3　模拟极端情况

对于正交森林估计中最重要的敏感性分析，我们使用了 DoWhy/
EconML 的嵌入式反驳功能（Oprescu et al., 2019；Sharma & Kiciman，
2020）。由此得到的实验结果更能匹配我们的研究预期（见表 F-1），因
为所有测试都显示了所需的行为，但显然还不能保证一定的因果效应。

表 F-1　反驳敏感性结果

反驳测试	必需的行为	估计	新估计	解释
添加随机共同原因	新的估计值不会因随机共同原因而发生剧烈变化 $p<0.05$	0.086 177 3	0.088 401 0 $p=0.15$	稳定：增加另一个常见原因变量后，估计值似乎很稳健 $p>0.05$ 表明基于测试，估计器没有问题
添加一个不引入注意的共同原因	新的估计值不会因未观察到的共同原因的模拟效应而发生太大变化	0.086 177 3	0.088 912 8；p 不适用	稳定：添加另一个常见原因变量后，估计值似乎很稳健
使用安慰剂处理	数据变化后，因果真实估计值应为零 任何在新数据上与零值有显著差异的估计值都未通过测试 $p<0.05$	0.086 177 3	-0.000 323 1 $p=0.474 75$	当使用安慰剂处理时，根据需要将趋势估计为零 $p>0.05$ 表明基于测试，估计器没有问题

反驳测试	必需的行为	估计	新估计	解释
使用一组数据	新的估计值不会随着数据子集而发生剧烈变化 $p<0.05$	0.086 177 3	0.086 003 3 $p=0.314$ 812	稳定：增加另一个常见原因变量后，估计值似乎很稳健 $p>0.05$ 表明基于测试，估计器没有问题

第二种方法：工具变量分析

虽然许多研究人员都喜欢寻找完美的工具变量进行稳健性测试，但在现实企业经营管理中，往往不存在这样的合适变量。为了遵循本书的务实原则，我们只使用相应的 STATA 软件包对工具变量进行一般性检查（见表 F-2），即使添加自动生成的工具变量分析，我们的模型在系数和显著性方面也被证明是稳健的。

ivreg2h 估计了一个工具变量回归分析模型，该模型提供了使用 Lewbel 方法生成的工具变量选项。这种技术允许在没有传统识别信息（如外部工具或重复测量）的情况下，识别回归模型中具有内生或误测的回归元[①]的结构参数。在这种情况下，使用回归元与异方差误差的乘积不相关来实现识别，是许多由未观察到的共同因素导致误差相关性的模型

---

① 在统计学中，从变量的因果关系来看，变量可分为回归子（regressand）和回归元（regressor）。回归子是表征变动结果的变量，是模型要分析研究的对象，也被称为"因变量""被解释变量"或"目标变量"；回归元是表征变动原因的变量，也被称为"自变量"或"解释变量"。

的一个共同特征。使用这种形式的 Lewbel 方法，可以将工具构建为模型数据的简单函数。因此，这种方法可以在没有外部工具可用时使用，或者作为外部工具的补充以提高 IV 估计器的效率。补充外部工具也可以允许对正交条件或过度识别限制进行 Sargan-Hansen 检验，但在外部工具精确识别的情况下就不适合使用了（Baum & Schaffer，2021）。

表 F-2　使用工具变量分析测试因果关系指示的稳健性

模型	（7）行业 / 时间固定效应生成工具变量
变量	市值 logMARKETCAP
数字代理	5.136e-02**
	（2.075e-02）
股东权益总额	1.896e-11***
	（2.213e-12）
净利润	3.776e-11***
	（5.821e-12）
累计其他综合收益	−1.426e-11***
	（5.208e-12）
股息支付	−1.943e-11***
	（6.247e-12）
变动权益	1.141e-04**
	（5.12e-05）
收入增长	4.88e-05***
	（1.25e-06）
滞后的资产收益率	1.750e-12**
	（7.991e-13）
净债务	7.107e+00***

模型	（7） 行业／时间固定效应生成工具变量
	（1.056e+00）
投资资本增长	−4.704e+00***
	（9.416e−01）
账面市值比	−1.011e−04***
	（2.59e−05）
极性	5.136e−02**
	（2.075e−02）
主观性	1.896e−11***
	（2.213e−12）
收益日期变动	3.776e−11***
	（5.821e−12）
中心化确定性系数	0.212 3
非中心化确定性系数	0.212 3
基本固定效应	行业
时间固定效应	年
集群标准错误	行业
观察值	22 247

已检测：数字代理

包含的指标：股东权益总额（TOTAL EQUITY）、净利润（NET INCOME）、股息支付（PAYMENT OF DIVIDENDS）、变动权益（DELTA EQUITY）、收入增长（REVENUE GROWTH）、滞后的资产收益率（L1 ROA）、净债务（NET DEBT）、极性（POLARITY）、主观性（SUBJECTIVITY）、收益日期变动（EARNING DATE DELTA）等，2011—2019 年。

第三种方法：基于经验动态建模（EDM）的影响方向检查

最后，我们基于经验动态建模（EDM）进行稳定性测试，这是因果分析领域的一项实验创新，用于检查影响方向的指示器。这也已在STATA中实现为一个测试包。

社会和健康研究人员如何研究以非线性，甚至是混沌的方式运作的复杂动态系统？实验和基于方程的模型等常见方法可能不适合用于完成这项任务。为了突破现有方法的局限性，并为表征和测试非线性动态系统中的因果关系提供非参数工具，我们在STATA中引入了edm命令。该命令实现了用于时间序列数据和面板数据的3种关键的经验动态建模（EDM）方法：①简单锥投影（simplex projection），用于表征系统的维度以及它以确定性方式运行的程度；②S映射（S-maps），量化系统中的非线性程度；③收敛交叉映射（convergent cross-mapping），提供了一种非参数方法来模拟因果影响……我们通过讨论EDM如何检查基于传统模型的方法的假设（例如，残差自相关检验）来得出结论，我们提倡使用EDM，是因为它不假设线性、稳定或均衡（Li et al., 2021）。

撇开技术性问题不谈，研究表明，我们所走的路可能是对的。看起来数字代理（DIGITALPROXY）确实比反向情况包含更多关于市值（logMARKETCAP）的信息。实验分析表明，很可能的因果影响方向是数字代理（DIGITALPROXY）的增加导致市值（logMARKETCAP）率的变化，而不是反过来。

行业重要吗

表 F-3 和表 F-4 提供了我们进行交互分析的详细结果（本书正文第 13 章只是将其总结为一张简表）和一个附加测试，在这个测试中我们分析了所选行业组别之间的差异是否具有统计学上的意义。上述复杂的分析将为正文第 13 章的表 13-1 的 * 标记提供输入。

表 F-3　行业类别交互效应

行业类别	系数	P_t	95% 置信区间下限	95% 置信区间上限	总体效果
数字代理	−0.282 9	0.003 0	−0.469 4	−0.096 3	
航空航天 / 国防工业		（基准值）			
汽车	0.578 8	0.000 0	0.322 8	0.834 9	0.296 0
银行	0.332 5	0.083 0	−0.043 7	0.708 6	0.049 6
化学	−0.457 8	0.137 0	−1.062 1	0.146 4	−0.740 7
计算机硬件	0.217 3	0.036 0	0.013 9	0.420 8	−0.065 5
计算机软件与服务	0.322 0	0.002 0	0.122 4	0.521 6	0.039 1
多元化企业集团	0.491 1	0.001 0	0.203 3	0.779 0	0.208 2
耐用消费品	0.221 5	0.035 0	0.016 1	0.427 0	−0.061 3
非耐用消费品	0.430 2	0.072 0	−0.038 7	0.899 0	0.147 3
多元化服务	0.370 9	0.000 0	0.168 5	0.573 3	0.088 0
制药	0.455 2	0.001 0	0.193 1	0.717 3	0.172 3
电子工业	0.249 4	0.024 0	0.033 0	0.465 7	−0.033 5
能源	0.205 8	0.159 0	−0.081 2	0.492 7	−0.077 1
金融服务	0.526 1	0.000 0	0.268 3	0.784 0	0.243 3
食品与饮料	0.220 5	0.145 0	−0.076 8	0.517 7	−0.062 4
卫生服务	0.335 2	0.007 0	0.091 3	0.579 1	0.052 3

行业类别	系数	P_t	95% 置信区间下限	95% 置信区间上限	总体效果
保险	0.147 3	0.516 0	−0.299 1	0.593 7	−0.135 6
互联网	0.288 8	0.006 0	0.085 4	0.492 2	0.005 9
休闲娱乐	0.417 4	0.001 0	0.171 2	0.663 6	0.134 6
制造业	0.456 1	0.000 0	0.257 9	0.654 3	0.173 2
材料与建筑	0.607 4	0.013 0	0.131 1	1.083 7	0.324 5
媒体	0.310 3	0.007 0	0.087 6	0.533 1	0.027 5
金属与采矿	0.357 3	0.001 0	0.149 8	0.564 8	0.074 4
房地产	0.544 1	0.000 0	0.314 3	0.773 9	0.261 2
零售	0.134 2	0.381 0	−0.166 9	0.435 4	−0.148 6
专业零售	0.362 2	0.001 0	0.157 7	0.566 7	0.079 4
电信业	0.309 9	0.005 0	0.093 8	0.526 1	0.027 1
烟草	−0.468 1	0.031 0	−0.892 8	−0.043 4	−0.751 0
交通运输	0.609 2	0.006 0	0.178 2	1.040 2	0.326 4
公共事业	0.423 6	0.029 0	0.043 4	0.803 8	0.140 7
批发	0.512 6	0.020 0	0.082 8	0.942 4	0.229 7
统计学意义为 $p<0.1$					

表 F-4　条件边际效应分析

行业类别	对于数字代理（0~30）来说意义重大
航空航天 / 国防工业	（基准值）
汽车	是
银行	是
化学	否
计算机硬件	是
计算机软件与服务	是

行业类别	对于数字代理（0~30）来说意义重大
多元化企业集团	是
耐用消费品	是
非耐用消费品	是
多元化服务	是
制药	是
电子工业	是
能源	否
金融服务	是
食品与饮料	否
卫生服务	是
保险	否
互联网	是
休闲娱乐	是
制造业	是
材料与建筑	是
媒体	是
金属与采矿	是
房地产	是
零售	否
专业零售	是
电信业	是
烟草	是
交通运输	是
公共事业	是
批发	是
是：$p < 0.1$	

许多人在我撰写本书的过程中发挥了重要作用。首先，我要感谢我的妻子米丽娅姆（Miriam）和女儿劳拉（Laura），在我日日夜夜疯狂写作或思考时，她们给予我理解、爱和鼓励。

其次，我要感谢我的同事——博科尼大学优秀的教研人员。我要感谢加布里埃莱，他是我能想到的最佳导师，帮助我构建了这个复杂的课题，引导我从"80-20"咨询顾问思维回到科学研究思维，并总是用新的角度和想法激发我。我还要感谢迪尔克（Dirk）在研究的 NLP 部分给予的帮助，感谢安德烈娅（Andrea）在财务估值模型方面的帮助，感谢阿方索（Alfonso）和安德烈娅在计量经济学和统计模型方面的帮助，感谢法布里齐奥（Fabrizio）作为博科尼大学的灵魂人物，让我这样的实践者得以重回研究领域。

在更广泛的摩立特德勤咨询（Monitor Deloitte）和德勤咨询（Deloitte）生态系统中，我要感谢罗杰（Roger），他无疑是当今时代最顶尖的战略家之一，还要感谢像埃德加（Edgar）、乔纳森（Jonathan）、尼古拉（Nicolai）和里奇（Rich）这样的德勤咨询高管，他们在我进行这个课题研究和创作本书的过程中以各种方式鼓励与支持我。我还要感谢杰米（Jaime），他是我多年来在两家公司工作时的同事，带来了无与伦比的数字专业知识，并通过他的第一本书激励我启动本书的创作。我要感谢帕特里克（Patrick）在本书结构方面的帮助，这使得章节标题成为读者今天所看到的样子。此外，还有所有德勤咨询前任和现任专家，我总是可以随时向他们寻求各领域细节方面的指导，他们是：蒂姆（Tim）（关于数字体验和敏捷式方法）、斯蒂芬（Stephan）（关于云计算）、斯特凡（Stefan）（关于网络安全）、彼得（Peter）（关于认知和自动化）和延斯（Jens）（关于区块链）等。让我感到欣慰的是，无论是哪个话题，我总是能找到相应的专家与之探讨以确定细节。同时，不要忘记本书优秀的全球营销团队，他们一直在努力确保本书为大众所知，并希望本书被广大读者阅读。感谢塞丽娜（Selina）、瓦莱丽（Valerie）、达妮埃拉（Daniela）、西斯特（Sissy），还有丹尼尔（Daniel）、弗洛里安（Florian）和延斯，她们的创造性思维为本书的宣传做出了贡献。感谢我们全球研究团队的戴安娜（Diana），她提供了她对数字化转型研究的独到见解。

我也非常感谢那些在本书最终定稿之前自愿阅读的第一批读者。你们在数字化转型领域无与伦比的经验及建设性的反馈和支持，让我非常感动。

最后，我要感谢威立（Wiley）出版社，当我拿着本书的粗略草图与理查德（Richard）探讨时，她非常信任和支持我把本书创作出来。感谢我的编辑克里斯蒂娜（Christina），在她的专业支持下，我得以创作出比我预想的好得多的作品，同时也保留了我自己的独特风格。此外，还要感谢杰西卡（Jessica）和迈克尔（Michael）帮助本书顺利出版上市。

扫描二维码，阅读本书参考文献